KB200425

팀 켈러의
인생 베이직

죽음에 관하여

ON
DEATH

ON DEATH
by Timothy Keller
Copyright © 2020 by Timothy Keller
Korean Translation Copyright © 2020 by Duranno Ministry

This Korean edition published by arrangement with Timothy Keller c/o
McCormick Literary, New York, through Duran Kim Agency, Seoul.

이 책의 한국어판 저작권은 듀란킴 에이전시를 통해 Timothy Keller c/o McCormick
Literary와 독점 계약한 두란노서원에 있습니다.
저작권법에 의하여 한국 내에서 보호받는 저작물이므로 무단 전재와 무단 복제를 금합니다.

팀 켈러의 인생 베이직

죽음에 관하여

지은이 | 팀 켈러
옮긴이 | 윤종석
초판 발행 | 2020. 8. 19.
14쇄 발행 | 2024. 12. 20.
등록번호 | 제1988-000080호
등록된 곳 | 서울시 용산구 서빙고로65길 38
발행처 | 사단법인 두란노서원
영업부 | 02)2078-3333 FAX | 080-749-3705
출판부 | 02)2078-3330

책값은 뒤표지에 있습니다.
ISBN 978-89-531-3824-7 04230
        978-89-531-3825-4 04230 (세트)

독자의 의견을 기다립니다.
tpress@duranno.com www.duranno.com

두란노서원은 바울 사도가 3차 전도 여행 때 에베소에서 성령 받은 제자들을 따로 세워 하나
님의 말씀으로 양육하던 장소입니다. 사도행전 19장 8-20절의 정신에 따라 첫째 목회자를
돕는 사역과 평신도를 훈련시키는 사역, 둘째 세계선교™와 문서선교 단행본·잡지 사역, 셋째 예
수문화 및 경배와 찬양 사역, 그리고 가정·상담 사역 등을 감당하고 있습니다. 1980년 12월
22일에 창립된 두란노서원은 주님 오실 때까지 이 사역들을 계속할 것입니다.

●
팀 켈러의
인생 베이직

죽음에 관하여

ON
DEATH

팀 켈러 지음   윤종석 옮김

두란노

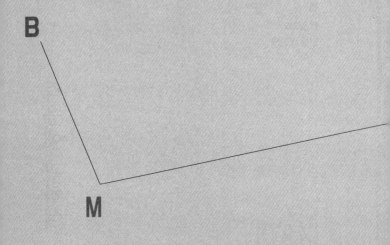

D

자신의 장례식에서
어떤 말을 전해야 할지
우리에게 확실하게 일러 주고 간
테리 크리스티 홀을 추모하며.

그 내용을 책으로 펴내기를 원한
테리의 동기간 수, 스티브, 린에게도
감사를 전한다.
이 세 권의 책은 그렇게 시작되었다.
테리도 기뻐할 것이다.

삶은 여정이요, 그 여정의 기초는 하나님을 찾고 아는 데 있다. 결혼을 앞두고 있거나 아이가 태어나거나 또는 나이를 불문하고 죽음의 순간을 마주할 때면 으레 생각이 많아지고 깊어진다. 일상이라는 쳇바퀴에 매여 있던 우리도 그런 순간들만은 잠시 일상에서 벗어나 예부터 인류가 거듭해 온 중대한 질문을 스스로에게 던지곤 한다.

◊ 나는 무엇을 위해 살고 있는가?

◊ 인생에 찾아온 이 새로운 시기를 헤쳐 나갈 수 있을까?

◊ 나는 하나님 안에 바로 서 있는가?

인간에게 일어날 수 있는 가장 근본적인 변화는 성경이 말하는 거듭남요 3:1-8 즉 "새로운 피조물"이 되는 것이다. 고후 5:17 물론 이는 살면서 어느 때에나 벌어질 수 있는 일이지만, 대개 우리가 그리스도를 믿게 되는 결정적인 계기는 앞서 말한 지각변동 같은 시기에 찾아온다. 우리 부부가 45년을 사역하면서 보니, 많은 사람들이 특히 인생의 큰 전환기에 열린 마음으로 하나님과의 관계를 탐색했다.

삶의 중대한 변화를 맞이하는 이들이 '진정으로 변화된 삶'이 무엇인지 생각하도록 돕고 싶어 이 소책자 시리즈를 마련했다. 인생에서 가장 중요하고 뜻깊은 순간들을 기독교적 기초 안에서 바라볼 수 있게 하는 것이 이 시리즈의 목적이다.

시리즈 전체 흐름은 세상에 태어남과 세례로 시작해 결혼으로 넘어가 죽음으로 맺으려 한다. 이 작은 책들이 길잡이가 되어 당신에게 위로와 지혜를 더해 주고, 무엇보다 평생 하나님을 찾고 아는 길을 가리켜 보여 줄 수 있기를 바란다.

나이가 들어 갈수록 남편과 나는 목회 현장에서
나 개인적인 관계들 속에서나 죽음을 접할 일이 더
잦아진다. 절친한 친구들과 가족들이 하나둘 세상을
떠나고 있다. 지난 18개월 동안 우리 집안에서만 세
차례나 장례를 치렀고, 임종을 앞둔 친구와 친척과
함께 죽음에 직면하는 법을 놓고 대화를 나눈 것도
불과 지난 석 달 사이의 일이었다. 그런 대화 중에 우
리가 주고받은 이야기들이 바로 이 책에 담겨 있다.

2018년 1월 6일 남편 팀이 내 동생 테리의 장례식
에서 전한 설교가 이 책의 기초가 되었다. 동생은 유
방암이 신체 다른 곳까지 전이되었고, 결국 오랜 투
병 끝에 크리스마스 날 집에서 가족들이 지켜보는
가운데 숨을 거두었다.

죽음이 임박했음을 동생도 알았기에 남은 시간 동안 마지막 힘을 다해 우리에게 자신의 영결 예배에서 부를 찬송가를 골라 주었고 기도문도 적어 주었다. 특히 장례식 때 자신의 일생만을 기릴 것이 아니라 물론 우리에게 한없이 사랑받고 존경받던 테리였다 반드시 복음을 전해 달라고 팀에게 당부했다. "신기하게도〔사람들이〕 죽음 앞에서는 으레 생각이 깊어지게 마련"임을 알았던 것이다.¹ 그렇게 동생은 자기 장례식에 참석할 사람들도 각자의 죽음을 준비해 가기를 원했다.

　　고인이 된 테리, 그리고 제부 밥과 조카딸 루스 홀 램지와 레이첼 홀에게 이 책을 헌정한다. 그날의 설교는 어느 모로 보나 잊지 못할 감동적인 내용이었다. 책으로 펴내 달라고 부탁한 사람은 테리와 나의 동기간인 수와 린과 스티브였다.

2018년 7월
캐시 켈러

1

언젠가 맞이할
나의 죽음,
준비하고 있는가

회피와 부정,
죽음을 대하는
현대인의 두려움

14 죽음을 통하여 죽음의 세력을 잡은 자
   곧 마귀를 멸하시며

15 또 죽기를 무서워하므로
   한평생 매여 종노릇하는 모든 자들을
   놓아주려 하심이니.

히브리서 2장 14-15절

죽음은 거대한 단절이다. 사랑하는 이들을 우리에게서 또는 우리를 그들에게서 갈라놓는다.

죽음은 거대한 분열이다. 우리를 존재하게 하는 물리적 요소와 무형적 요소를 따로 찢어내, 본래 한 시도 육체를 이탈하지 않도록 되어 있던 전인Whole person을 분리시킨다.

죽음은 거대한 모욕이다. 셰익스피어의 말마따나 우리가 구더기의 밥임을 환기시키기 때문이다.¹

〔우리는〕정말 양면적 존재다. 만물의 영장으로
돋보인다는 점에서 〔인간은〕자신의 뛰어난 독자성을
알지만, 그래 봐야 몇 자 깊이의 땅속으로 돌아가
속절없이 허망하게 영영 썩어 없어진다.²

죽음은 끔찍하고 무섭고 잔인한 변종이다. 삶이란 본래 그래서는 안 된다. 우리가 죽음 앞에서 그토록 슬퍼하는 이유도 그래서다.

죽음은 다른 무엇보다도 더 우리의 철천지원수다. 평생 우리를 집요하게 쫓아다니다가 단 한 사람의 예외도 없이 목숨을 앗아 간다. 현대인들은 사랑, 특히 낭만적인 사랑에 관해 끝없이 글을 쓰고 말로 이야기하는데, 여간해서 그것은 손에 잡히지 않고 우리를 피해 가는 듯하다. 하지만 죽음은 아무도 건너뛰지 않는다. 온갖 전쟁과 전염병이 사망자 수를 증가시킨 것이 아니라는 말도 있다. 어차피 누구나 한 번은 죽어야 하니 말이다.

그런데 우리는 선조들에 비해 죽음에 준비되어 있는 정도가 훨씬 뒤처져 보인다. 왜 그럴까?

현대 의술의 축복이
독이 되다

첫 번째 이유는, 역설적이게도 현대 의술의 위대한 축복이 죽음을 우리 눈에 보이지 않게끔 가려 놓았다는 것이다. 애니 딜라드가 소설 *The Living* 에서 자세히 묘사했듯이, 19세기에만 해도 죽음은 아무런 예고도 없이 놀랍도록 다양한 방식으로 집집마다 가족들에게서 삶을 앗아 갔다.

여자들은 출산 중에 고열에 시달리다 죽었고,
아기들은 몸이 약하거나 심각한 대기 오염을
견디지 못해 죽었다. 남자들은 …… 강물, 말,
황소, 증기 톱, 단단한 것을 가루로 가는 기계,
채석장의 돌, 벌목장에 쓰러지거나 구르는 통나무
때문에 죽음을 맞이했다. …… 아이들은 (다음과
같은 이유로) 목숨을 잃었다. …… 나무처럼 단단한
물체에 부딪쳤고, 말에게서 내동댕이쳐지거나
(자신의 실수로) 말에서 떨어졌고, 물에 빠졌고,
병들었고, 귀앓이가 뇌로 번졌고, 홍역으로 열이
펄펄 끓었고, 폐렴으로 하룻밤 사이에 세상을
떠났다.[3]

과거에는 사람들이 죽음을 가까이서 보았다. 단
적인 예로 영국의 저명한 목사이자 신학자인 존 오
웬은 열한 명의 자녀와 첫 아내를 모두 먼저 떠나 보
냈다. 그 시대에는 누구나 자신이 살던 집에서 죽었

으므로 오웬이 사랑하던 이들도 그의 눈앞에서 숨을 거두었다. 식민지 시대의 미국 가정은 자녀를 평균 셋 당 하나 꼴로 장성하기 전에 잃었다. 게다가 당시에는 모든 사람의 기대 수명이 40세 안팎이다 보니 어려서 부모를 여읜 사람이 태반이었다. 거의 누구나 자라면서 시신을 보았고, 젊거나 나이 든 친척의 임종을 목격했다.[4]

오늘날에는 의학과 과학 덕에 조기에 사망하는 많은 원인들을 해결했고, 절대다수의 사람이 남의 눈에 띄지 않게 병원과 호스피스센터에서 쇠약해져 가다가 사망한다. 그러다 보니 성인이 되도록 단 한 사람의 죽음도 지켜보지 못하는 일이 당연해졌다. 서구 사회의 경우 장례식에서 뚜껑이 열린 관에 잠시 눈길을 줄 때를 제외하고는 죽은 사람을 볼 기회도 없다.

아툴 가완디를 비롯해서 많은 사람이 지적했듯이, 현대 사회가 이토록 죽음을 숨긴다는 것은 모든 문화 중에서 우리야말로 임박한 죽음의 불가피성을 부정하며 산다는 뜻이다. 시편 90편 12절에서 우리에게 "우리 날 계수함"을 명한 목적은 "지혜로운 마음"을 얻게 하기 위해서다.

인간이 자신의 죽음을 부정하며 살아갈 위험성은 언제나 존재했다. 물론 언젠가는 닥쳐올 죽음임을 우리도 머리로는 안다. 그런데 속으로는 그 사실을 억누르며 마치 영원히 살 것처럼 행동한다. 시편 기자는 이를 **지혜롭지 못한** 일이라고 밝힌다.

죽음이야말로 반드시 닥쳐올 현실이건만, 현대인은 죽음에 대한 아무런 계획도 없이 마치 죽지 않을 사람처럼 살아간다. 우리는 두려워서 의사를 피하고, 죽을 몸의 운명을 부정하며, 몸이 이대로 영원할 줄로 생각한다. 그러다 막상 죽음이 코앞에 닥쳐오면 현실성 없는 극단적 의료 조치를 요구한다.[5]

심지어 우리는 죽음을 거론하는 것조차 "악취미"나 그보다 더한 일로 간주한다. "죽음의 포르노"라는 평론에서 인류학자 제프리 고러는, 현대 문화에서 죽음이 섹스 대신 새로운 금단의 주제가 되었다고 역설했다.[6]

시편 90편에 기록된 증언처럼 3천 년 전에 살던

사람들에게도 죽음을 부정하는 문제는 있었지만, 우리의 문제는 무한히 더 크다. 의술의 발달은 죽음을 무기한 연기할 수 있다는 환상을 부추긴다. 고대인처럼 죽음이라는 운명에 순응하는 사람은 이전 어느 때보다도 보기 힘들어졌다.

심지어 일부 사상가들은 죽음도 여느 기술상의 "성능 문제"처럼 해결이 가능하다고 진지하게 믿는다.[7] 죽음을 뛰어넘는 영원한 삶에 매료된 사람은 실리콘밸리에도 많이 있다. 이는 그만큼 현대인이 이전 어느 시대의 사람들보다도 더 죽음에 대해 비현실적이며, 죽음을 맞이할 준비가 되어 있지 못하다는 반증이다.

현세의 행복에만 집중하는
세속 문화

오늘날 우리가 죽음 앞에 이토록 쩔쩔매는 두 번째 이유는 세속화 시대가 현세의 의미와 만족을 요구하기 때문이다. 인류학자 리처드 슈웨더는 과거에 비서구 문화가 어떻게 구성원을 고난에 직면하도록 도왔는지를 연구했다.[8]

답은 비서구권의 모든 문화가 구성원에게 삶의 의미, 즉 저마다 위해서 살아야 할 주목표를 가르쳤다는 것이다. 우선 가족과 종족을 삶의 주목표로 믿는 사회가 많이 있다. 이 경우 개인의 삶은 사후에도 자손을 통해 지속된다. 한편 불교를 비롯한 많은 고대 동양 문화의 가르침에 따르면, 삶의 의미란 현세가 환영幻影임을 깨닫고 영혼의 내적 평정과 초탈을 통해 현세를 초월하는 데 있다. 그런가 하면 사후의 윤회나 천당이나 열반을 믿는 문화도 있다. 그러면 영혼이 천당에 이르도록 살고 믿는 것이 인간의 주목적이 된다.

이 모두는 서로 사뭇 다르지만 슈웨더의 지적처럼 한 가지 공통점이 있다. 하나같이 삶의 주목표가 물질계와 현세의 바깥에 있어, 고난과 죽음이 그것을 건드릴 수 없다는 것이다. 죽어서 천당에 가든, 윤회 사슬에서 벗어나 영원한 극락에 들어가든, 현세의 환영을 버리고 삼라만상의 정령에게로 돌아가든, 명예롭게 살다가 사후에 조상의 품에 안기든 모두 마찬가지다.

어느 경우든 비극과 죽음은 삶의 의미를 무너뜨리지 못할 뿐 아니라 오히려 거기에 이르는 길을 재촉할 수 있다. 영적으로 성장하거나 명예와 덕을 이루거나 극락에 들어가면 그렇게 된다.

그런데 현대 문화는 본질상 세속적이다. 오늘날 많은 사람의 말대로라면, 신이나 영혼이나 넋도 없고 실재에 초월적 또는 초자연적 차원도 없으므로 이 물질계가 전부다. 그러면 삶의 의미와 목적이 무엇이든 간에 이 땅의 시간표라는 울타리 안에 갇힐 수밖에 없다. 다시 말해서 마음에 의지하는 대상이 시공의 제한된 지평을 벗어나지 못한다. 삶의 의미를 무엇으로 정하든 그것은 모종의 현세적 행복이나 안락이나 성취일 수밖에 없다. 기껏해야 사랑의 관계일 것이다.

하지만 당연히 이 모두는 죽음과 함께 소멸된다. 요약하자면 다른 여러 문화와 세계관은 고난과 죽음을 일관된 인생 이야기의 끝이 아닌 중요한 장章으로 보는 반면, 세속 관점은 전혀 다르다. 고난은 단절이고 죽음은 철저히 종말이다. 그래서 슈웨더는 현대인을 이렇게 묘사했다.

> 고난은 …… 삶의 내러티브 narrative; 서사 구조에서
> 동떨어져 있다. …… 〔고난은〕 일종의 "소음"이라서
> 고난당하는 사람의 인생 드라마를 제멋대로
> 방해한다. …… 고난은 지리멸렬한 단절일 뿐 어떤
> 줄거리에도 말이 되게 들어맞지 않는다.[9]

이렇듯 현대 문화는 유일한 필연인 죽음을 구성원에게 준비시켜 주는 부분에서 사상 최악이다. 의미의 지평이 제한된 데다 의술의 발전까지 더해지다 보니, 죽어 가는 사람을 접하면 불안과 두려움에 무력해지는 사람이 많다.

영국 케임브리지에 있는 세인트앤드류교회의 목사였던 마크 애쉬턴은 2008년 말에 62세 나이로 수술조차 불가능한 담낭암에 걸렸다. 그리스도를 믿고

그분 안에서 기뻐했기에 그는 가족들의 슬픔을 세심하게 헤아리면서도 죽어 가는 내내 확신이 넘쳤고 기대감마저 보였다. 그래서 이후 15개월 동안 거의 누구를 만나든 얼마 남지 않은 죽음에 대해 평온하고 담담하게 웅변을 토했다. 그러자 오히려 많은 사람이 불안해했다. 그의 태도는 물론이고 그와 함께 있는 것 자체도 감당하기가 힘들었던 것이다.

그는 "우리 시대는 죽음 앞에 어찌나 소망이 없는지 이 주제 자체를 입에 올릴 수 없게 되었다"라고 썼다. 한번은 그가 이스트본의 한 미용실에 가서 평소처럼 자신의 머리를 깎아 주는 미용사와 대화를 나누었다. 미용사가 "내 근황을 묻기에 살날이 몇 달밖에 남지 않았다고 대답했더니" 으레 다정하고 수다스럽던 그곳의 분위기가 싹 가시었다. 아무리 대화를 이어 가려 해도 "이발이 끝날 때까지 그녀의 말을 한마디도 이끌어 낼 수 없었다."[10]

이렇듯 우리는 불가피한 죽음을 받아들이고 준비하려 하지 않고 무조건 피하고 부정한다.

깊은 허무감에
빠지다

현대 세속 문화가 죽음 앞에 속수무책인 세 번째 이유는 죽음의 존재를 부정하다가 깊은 무의미감에 빠졌기 때문이다. 어니스트 베커는 퓰리처상 수상작인 《죽음의 부정 *The Denial of Death*》에서, 인간은 자신의 전부의식이 있는 자아, 사랑, 간절히 동경하는 진선미 등가 정말 눈 깜짝할 사이에 영영 소멸한다는 사실을 받아들일 수 없다고 역설했다.

죽음이 정말 끝이라면 즉 우리도 다 죽고 결국 태양의 사멸과 더불어 인류 문명까지 몽땅 "죽는다면", 무엇을 하든 결국 아무것도 달라지지 않는다. 무無에서 와서 무無로 간다면 어찌 당장부터라도 허무감을 피할 수 있겠는가? 그래서 베커는 이렇게 썼다.

죽음의 개념과 죽음에 대한 두려움은 그 무엇과도 달리 인간이라는 동물을 놓아주지 않는다. 그것이 인간의 활동의 주된 동기다. 이 활동의 목적은

언젠가는 반드시 닥칠 죽음을 외면하는 데 있으며,
이를 극복하려고 …… 죽음이 최종 운명임을
부정한다.[11]

존재의 소멸을 생각할 때 엄습해 오는 무의미감
은 어떤 식으로든 **반드시** 해결해야 할 일종의 두려
움이다. 베커가 책에서 인용한 인류학자들에 따르
면, 고대 민족들은 죽음을 훨씬 덜 두려워했고 죽음
에 "환희와 축제가 수반되었다." 또 그는 인류가 보
편적으로 죽음을 두려워하긴 했지만, 옛날 사람들은
사후의 생명과 의미를 믿어 그 문제를 해결했다고
덧붙였다. 영원을 믿었으므로 죽음은 "궁극의 승격"
이었다. 그러나 오늘날 우리의 문제는 "더는 그렇게
믿지 못하기 때문에 죽음에 대한 두려움이 현대 서
구인의 심리 구조를 지배하다시피 한다"는 데 있다.[12]
　베커의 이 책 나머지 부분은 다음 명제를 기초로
한다. 즉 현대 서구 문화가 봉착한 죽음에 대한 문제는
여태 다른 어떤 사회에도 없었다는 것이다. 그의 논증
에 따르면, 현대 문화에서 섹스와 연애, 돈과 출세, 정

치와 사회 운동 등 수많은 요소의 비중이 지나치게 비대해진 현상은 현대인이 죽음 앞에서 신과 종교에 의지하지 않고도 의미를 느끼려 한다는 방증이다.

20세기 말의 세속 사상가들도 베커처럼, 신을 믿는 종교와 신앙이 위축되면 죽음이 문제점으로 대두될 것을 십분 인식했다. 《시시포스 신화*The Myth of Sisyphus*》를 쓴 알베르 카뮈 같은 실존주의자들은 죽음이 최후의 상태라는 사실이 삶을 부조리하게 만들며, 이 사실을 부정하려고 쾌락과 성취에 몰두하는 것은 잘못이라고 역설했다.[13]

예화를 하나 들어 보겠다. 어떤 사람이 당신 집에 무단 침입해 당신을 결박한 뒤 곧 죽이겠다고 위협한다 하자. 예화 취지상 당신이 구출될 가망성은 전무하다. 그런데 그 침입자가 이렇게 말한다면 어떨까? "나는 매정한 사람이 아니오. 당신을 아주 행복하게 해 주는 취미 활동이 무엇인지 말해 보시오."

당신이 체스를 즐겨 둔다고 답하자 그는 "좋소, 내 손에 죽기 전에 체스나 한 판 둡시다. 그러면 마지막 순간이 즐겁지 않겠소?"라고 묻는다. 이에 대한

솔직한 답이라면, 코앞에 닥친 죽음 때문에 체스를
두는 즐거움이 싹 달아난다는 것뿐이다. 한마디로,
죽음은 모든 일이 주는 의미와 기쁨을 앗아 간다.
　이어지는 베커의 말처럼 죽음에 대한 두려움은
인간만의 전유물이다.

　　이 두려움과 더불어 살며 그 속에 실존한다는
　　것은 가혹한 딜레마다. 당연히 하등 동물은 이
　　고통스러운 모순을 겪지 않는다. 정신적 정체감과
　　그에 수반되는 자의식이 없기 때문이다. ……
　　죽음을 알려면 관념적 사고가 필요하므로 동물은
　　죽음을 모른다. 동물이 경험하는 죽음은 단 몇
　　분의 두려움과 몇 초의 고통이면 끝이다. 그러나
　　꿈속에서는 물론이고 가장 햇빛 찬란한 날까지도
　　평생 죽음에 대한 두려움에 시달리며 산다는 것은
　　다른 문제다.[14]

　더 근래의 세속 사상가들은 죽음을 그렇게 비참
하게 여기지 않는다. 오늘날 그들 다수가 에피쿠로

스와 루크레티우스 같은 고대 철학자들의 뒤를 이어 죽음이란 "전혀 두려워할 게 못 된다"라고 주장하고 있고, 또 그런 메시지를 담은 기사도 꾸준히 쏟아져 나오고 있다. 〈가디언 *Guardian*〉에 실린 제시카 브라운의 "우리는 죽음을 두려워하지만 죽음이 생각만큼 나쁘지 않다면 어찌할 것인가?"라는 글이 좋은 예다.[15]

이 논리에 따르면 어차피 죽으면 그냥 아무것도 모르고 아무런 느낌도 없다. 고통이나 고뇌도 없다. 그러니 두려워할 까닭이 무엇인가? 하지만 현대인을 상대로 죽음이 별것 아니라고 말하려는 시도는 여태 대다수 사람에게 통하지 않았다.

철학자 뤽 페리는 죽음에 직면한, 그리하여 사랑의 관계를 모두 잃을 사람에게 죽음을 겁내지 말라고 말하는 것은 "잔인하고" 옳지 못한 처사라고 지적한다.[16] 차라리 딜런 토머스의 말이 훨씬 더 공감이 간다. 그는 우리가 "꺼져 가는 빛에 맞서 격노하고 격노"해야 한다고 썼다.[17]

베커가 옳았다. 인류 전체는 죽음을 두려워하고

미워하지 **않을** 수 없다. 이는 인간만이 가진 뿌리 깊은 문제다. 종교는 사람들에게 가장 막강한 이 적에 맞설 자원을 주었다. 그러나 현대 세속주의는 그 자원을 잃어버렸고, 여태 다른 아무것으로도 그 상실을 대체하지 못했다.

심판에 대한
두려움

오늘날 우리가 죽음을 힘들어하는 네 번째 이유는 현대 문화에 죄와 죄책과 용서라는 범주가 없어졌기 때문이다. 프리드리히 니체는 인간 안에 "부채" 의식이나 죄책감 그리고 그런 개념 자체가 출현한 것은 초월적 신들을 우리가 복종해야 할 대상으로 믿기 때문이라고 주장했다. 그런데 이제 종교가 쇠퇴해 심판의 신을 믿지 않는 사람이 점점 많아지고 있으니 죄의식도 차차 약해질 것이라며 그는 쾌재를 불렀다. 심지어 무신론은 "제2의 순수"를 의미할 수

도 있다.[18]

그러나 윌프레드 M. 맥클레이가 "이상하게 집요한 죄책감"이라는 글에 주장했듯이, 니체의 예측은 실현되지 않았다.[19] 맥클레이는 죄책감을 모든 문명의 대체 불가한 특성으로 본 프로이트가 더 나은 예언자라고 보았다. 사회를 무너뜨리는 이기적 행동을 자제하려면 죄책감을 대가로 치러야 한다. 아무리 우리가 죄성과 죄의식을 떨쳐 내려 해도 그것이 끈질기게 다른 형태로 튀어 나온다는 뜻이다. "죄책감은 카멜레온처럼 교활한 협잡꾼이라서 스스로 위장하고 잠복하며 크기와 모양을 바꾼다. …… 그러는 내내 집요하게 더 깊어진다."[20]

프로이트는 죄책감을 독일어로 "운베하겐"unbehagen이라 칭했는데 이 단어는 "불편한 상태", 자아와 삶 자체에 대한 강한 불만을 뜻한다. 그 결과로 이런 의문이 아우성친다. "왜 지금보다 더 나은 삶이 아닌가? 나는 왜 들어맞지 않는가? 왜 사력을 다해 나 자신을 입증해야만 할 것 같은가? 나를 정말 사랑할 사람이 있을까?"

이 시대 세속 문화는 이 부분에서 프로이트보다 니체를 믿기에, 그동안 어떻게든 개인을 해방시켜 자기표현의 자유를 실컷 탐닉하게 하려 했다. 공공 담론에서 '죄'와 '죄책'이라는 단어를 없앴다는 뜻이다. 누구나 거리낌 없이 마음대로 자아를 창출하고 실행할 수 있도록 말이다.

하지만 그 바람에 우리 입장이 난처해졌다. 한 학자가 말했듯이 사방에 악과 죄가 보이는데도 "우리 문화에는 더는 이를 표현할 어휘가 없으며", 그래서 "우리 문화에는 눈에 보이는 악과 그 악에 대응할 지적인 자원 사이에 거대한 괴리가 생겨났다."[21]

많은 사람이 지적했듯이, 오늘날 우리 사회는 과거 어느 때 못지않게 도덕주의로 흐르면서 타인에 대한 비판을 일삼는다. 우리는 "신상 털기 문화" 속에 살고 있다. 이 문화는 사람을 너무 단순하게 선 아니면 악의 범주에 끼워 넣은 뒤 공공연히 모욕을 주어 결국 일자리와 공동체를 잃게 만든다.[22] 서로 비난하는 이유는 지난날의 표현을 빌리자면 '죄' 때문이고, 벌하고 추방하는 방식은 종교의 정결 의식儀式과

놀랍도록 비슷하다.

맥클레이가 지적했듯이, 인간은 도덕적 반사절대
도덕, 죄와 심판, 죄책감과 수치심의 벌 등에 대한 신념를 버릴 수 없
다. 그런데 오늘날 우리는 하나님과 천국과 지옥에
대한 기존의 기본 신념을 버렸고, 그 결과 회개하거나
은혜와 용서를 베풀 수 있는 유구한 자원을 잃었다.[23]

이 모두가 죽음이 닥칠 때 이 시대를 사는 우리에
게 위기를 가져온다. 나는 목사로서 많은 시간을 죽
어 가는 이들과 함께 보냈는데, 대부분 죽음이 다가
오면 사람들은 일생을 돌아보며 극심한 후회에 빠진
다. 운베하겐 즉 자아에 대한 깊은 불만이 표면으로
불거진다. 사랑하는 이들에게 해 주지 못한 말이나
행동, 사과하지 않았거나 사과를 받아 주지 않은 일,
호의를 무시했거나 남을 매정하게 대했는데 용서받
기에는 너무 늦은 일, 날려 버린 기회나 아예 허송한
인생 등에 죄책감이 들 수도 있다.

그러나 과거에 대한 후회 이상으로 미래에 대한
두려움도 있다. T. S. 엘리엇은 "죽음 자체가 두려운
게 아니라 죽음이 곧 끝이 아닐까 봐 그게 우리는 두

려운 것이다"라고 했다.[24]

다른 모든 감정의 배후와 이면에 심판에 대한 두려움이 있다. 바울은 죽음을 장황하게 논한 고린도전서 15장에서 "사망이 쏘는 것은 죄"라고 단언했다.[56절] 그가 로마서 1장 20-22절에 가르쳤듯이, 아무리 깊이 감추고 있어도 우리 모두가 마음속으로 아는 사실이 있다. 하나님은 우리의 창조주시며 우리 예배와 순종을 마땅히 받으실 분이라는 것이다. 그런데 우리는 자신의 삶에 대한 주권을 장악하려고 그 지식을 막는다.[18절]

죽음 앞에 서면 자아에 대한 불만이 훨씬 또렷해진다. 이전처럼 양심을 침묵시킬 수 없다. 셰익스피어의 극중 인물인 햄릿은 자살을 생각하다가 그러지 않기로 결심한다. 사후의 무엇에 대한 두려움 곧 "어느 길손도 갔다가 다시 돌아오지 못한 미답의 나라"가 두려웠기 때문이다. 결국 우리는 심판이 두려워지고, 그래서 "우리가 알지 못하는 저세상으로 달아나느니 차라리 지금 이 세상의 고통을 묵묵히 견딘다." 이유는 "양심이 우리 모두를 겁쟁이로 만들기"

때문이다.[25]

아무리 막아 보려 해도 죄책감은 집요하며, 특히 죽음 앞에서 최고조에 달한다. 현대 문화에는 이 문제를 해결할 대책이 별로 없지만 기독교 신앙은 우리에게 놀라운 자원을 준다.

우리의
챔피언

우리는 죽음을 두려워하며 살 게 아니라 죽음을 영적 후자극제smelling salts; 의식을 잃은 사람을 냄새로 깨어나게 하는 약로 봐야 한다. 죽음은 우리를 흔들어 깨워 이생이 영원하리라는 착각에서 벗어나게 해 준다. 장례식, 특히 친구나 사랑하는 이의 장례식에 가거든 당신에게 말씀하시는 하나님의 음성을 들으라. 그분은 그분의 사랑을 제외하고는 이생의 모든 것이 덧없다고 말씀하신다. 이것이 사실이다.

이생의 모든 것은 우리 곁을 떠나지만 하나님의

사랑만은 예외다. 그 사랑은 우리와 함께 죽음 속으로 들어가 죽음을 통과해 우리를 그분의 품에 안기게 한다. 당신이 잃을 수 없는 것은 그것 하나뿐이다. 우리를 품어 주실 하나님의 사랑이 없다면 우리는 늘 극도로 불안할 것이다. 당연한 일이다.

하루는 신학교 수업 시간에 나의 신학 교수였던 애디슨 리치 박사에게서 그가 어느 선교 대회에서 말씀을 전했던 일화를 들은 적이 있다. 젊은 자매 두 사람이 그의 설교를 듣고 선교 사역에 일생을 헌신하기로 결단했다. 그러자 그 두 자매의 부모들이 모두 리치 박사를 찾아와 크게 화를 냈다.

그들은 그가 자기네 딸들을 광신에 빠뜨렸다며 이렇게 말했다. "알다시피 선교사는 전혀 안전하지 못합니다. 보수도 적고 생활 환경도 위험하고요. 우리 아이들은 취직해서 경력도 쌓아야 하고, 어쩌면 석사 학위나 그런 것도 따야 해요. 선교사로 나가기 전에 안정적인 생활 기반을 마련하는 게 먼저입니다."

그때 리치 박사는 그들에게 이렇게 말했다. "진심으로 자녀의 안전을 바라십니까? 우리는 다 지구

죽음은 우리를 흔들어 깨워

이생이 영원하리라는

착각에서 벗어나게 해 준다.

사랑하는 이의 장례식에 가거든

당신에게 말씀하시는

하나님의 음성을 들으라.

그분은 그분의 사랑을 제외하고는

이생의 모든 것이 덧없다고 말씀하신다.

이것이 사실이다.

라는 작은 돌덩이 위에서 천문학적 숫자의 시속으로 우주를 돌고 있습니다. 어느 날 발밑이 푹 꺼지면서 사람마다 추락할 텐데, 아무리 떨어져도 바닥이 없거나 아니면 하나님의 영원한 품에 안기거나 둘 중 하나입니다. 그런데 고작 석사 학위로 자녀의 안전을 보장하시겠다는 겁니까?"[26]

죽음을 통해 하나님은 이렇게 말씀하신다. "내가 너의 안전이 아니라면 너는 전혀 안전하지 못하다. 오직 나만이 너에게서 멀어질 수 없기 때문이다. 내가 너를 영원한 품에 안으리라. 다른 모든 품은 너를 버리겠으나 나는 결코 너를 버리지 않는다."

후자극제는 냄새가 아주 고약하지만 효과가 좋다. 착각에서 깨어날 때 당신은 안심해도 된다. 우리가 믿음으로 예수 그리스도를 구주로 삼는다면, 그분이 우리에게 베푸시는 것이 있기 때문이다. 히브리서 말씀을 보자.

그러므로 만물이 그를 위하고 또한 그로 말미암은 이가 많은 아들들을 이끌어 영광에 들어가게

하시는 일에 그들의 구원의 창시자를 고난을 통하여
온전하게 하심이 합당하도다 …… 그도 또한 같은
모양으로 혈과 육을 함께 지니심은 죽음을 통하여
죽음의 세력을 잡은 자 곧 마귀를 멸하시며 또
죽기를 무서워하므로 한평생 매여 종노릇하는 모든
자들을 놓아주려 하심이니. 히 2:10, 14-15

예수님은 우리를 구원하시려고 고난과 죽음을 통
해 우리 구원의 "창시자"가 되셨다. 헬라어 원어로는
"아르케고스"다. 성경학자 윌리엄 레인은 사실 이 단
어는 "챔피언"으로 번역해야 한다고 지적했다.[27]

챔피언이란 대리전을 치르는 사람이었다. 다윗
과 골리앗은 서로 결투할 때 둘 다 자국 군대의 챔피
언으로 출전했다. 대표로 싸운 것이다. 챔피언이 이
기면 전군은 손가락 하나 까딱하지 않고도 전투에
승리했다. 예수님이 하신 일이 바로 그것이다.

그분은 우리의 가장 큰 적인 죄와 사망에 맞서셨
다. 다윗과 달리 그분은 목숨을 거신 정도가 아니라
목숨을 버리셨고, 그리하여 죄와 사망을 물리치셨

다. 마땅히 우리가 치러야 할 죗값, 죽음이라는 형벌을 우리 대신 그분이 대표로 치르셨다. 그런데 그분은 죄 없이 온전하게 하나님과 이웃을 사랑하신 분이므로 사망에 매여 있을 수 없었고[행 2:24] 그래서 죽은 자 가운데서 부활하셨다.

그래서 히브리서 기자는 2장 14절에 그분이 죽음의 세력을 멸하셨다고 했다. 그분은 우리를 위해 죽으심으로 우리의 형벌을 제하셨고, 믿음으로 그분과 연합하는 모든 사람에게 장래에 부활하리라 보장하셨다. 우리의 위대한 대장이시자 챔피언이신 예수 그리스도께서 사망을 물리치셨다.

모든 종교가 죽음과 내세를 말하지만, 대체로 주장하는 바는 영원에 대비하려면 착하게 살아야 한다는 것이다. 그런데 막상 죽음이 닥쳐오면 우리 모두는 자신이 최선의 삶의 근처에도 가지 못했음을 깨닫는다. 마땅히 살아야 하는 대로 살지 못한 것이다. 그러니 우리가 죽기를 무서워하여 끝까지 거기에 매여 있는 것은 당연한 일이다.

기독교는 다르다. 기독교는 나 혼자 죽음에 맞서

내 인생 이력으로 충분하기만을 바라도록 내버려 두지 않는다. 기독교에는 죽음을 이기신 챔피언이 계시다. 그분이 사랑으로 우리를 용서하고 덮어 주신다. 우리는 "그(분) 안에서"빌 3:9 그분의 완전한 이력에 의지해 죽음에 직면한다. 이 사실을 믿고 알고 받아들이는 정도만큼 우리는 죽음의 세력에게서 해방된다.

그러므로 죽음이 "어느 길손도 갔다가 다시 돌아오지 못한 미답의 나라"라던 햄릿의 말은 틀렸다. 죽음에서 돌아오신 분이 **계시다.** 예수 그리스도께서 죽음의 세력을 멸하신 결과로 "세상의 냉혹한 벽에 틈새가 열렸다."²⁸ 이것을 믿음으로 붙들면 더는 흑암을 두려워할 필요가 없다.

바울이 남긴 명언이 있다.

사망아 너의 승리가 어디 있느냐
사망아 네가 쏘는 것이 어디 있느냐. 고전 15:55

바울은 죽음을 이겨 낸 것이 아니라 **조롱했다.** 제정신인 사람치고 누군들 인류의 가장 막강한 적을 보며 **조롱할** 수 있겠는가? 바울이 즉시 답을 내놓는다. "사망이 쏘는 것은 죄요 죄의 권능은 율법이라 우리 주 예수 그리스도로 말미암아 우리에게 승리를 주시는 하나님께 감사하노니."고전 15:56-57

바울의 말대로 "사망이 쏘는 것"은 우리의 양심이다. 즉 도덕법 앞에서 우리가 의식하는 죄와 심판이다. 여기까지는 햄릿도 말했다 그런데 그리스도께서 그것을 제하셨다. 더 정확히 말해서 그분은 모든 믿는 자들을 위해 그것을 대신 짊어지셨다.

도널드 그레이 반하우스가 필라델피아의 제십장로교회에서 목회할 당시, 겨우 삼십 대 후반이던 그의 아내가 채 열두 살도 안 된 네 자녀를 남긴 채 암으로 세상을 떠났다. 그가 자녀들과 함께 차를 몰아 장례식으로 향하는데 대형 트럭이 안쪽 차선으로 추월하면서 트럭의 그림자가 그의 차에 드리웠다.

그 순간 반하우스는 아이들에게 "트럭과 트럭의 그림자 중 어느 하나에 치여야 한다면 너희는 어느 쪽을 택하겠니?"라고 물었다. "당연히 그림자죠"라는 열한 살 아이의 답에 그는 이렇게 설명해 주었다. "그게 바로 지금 엄마에게 벌어진 일이야. …… 죽음 자체에 예수님이 이미 치이셨기 때문에 엄마는 죽음의 그림자에 치였을 뿐이야."[29]

사망이 쏘는 것은 죄이며, 그 독은 예수님께로 흘러들었다.

그래서 모든 그리스도인에게는 이렇게 죽음에 맞서 승리할 능력이 이미 있다. 이전에 나는 한 친구와 함께 만성이 된 질병에 시달리는 그의 아내 이야기를 나눈 적이 있다. 몇 번이나 의료진의 예측을 뒤집고 "죽음을 이겨 낸" 그녀였지만 이번에는 몹시 위중해 아무래도 가망이 없었다.

친구와 내가 대화 중에 한목소리로 고백했듯이, 신자는 죽든 살든 결과와 무관하게 늘 죽음을 이긴다. 예수 그리스도께서 죽음을 이기셨기에 이제 죽음이 할 수 있는 일이라고는 우리를 지금까지보다도 더 행복하고 더 사랑받는 존재가 되게 하는 것뿐이다. 예수님이 당신을 위해 죽으시고 부활하여 당신의 살아 계신 구주가 되셨을진대 죽음이 당신에게 무엇을 어찌하겠는가?

신자는 죽든 살든 결과와 무관하게
늘 죽음을 이긴다.
예수 그리스도께서 죽음을 이기셨기에
이제 죽음이 할 수 있는 일이라고는
우리를 지금까지보다도
더 행복하고 더 사랑받는 존재가
되게 하는 것뿐이다.

2

사랑하는 이의 죽음,
어떻게 받아들이고
감당할 것인가

충분히 슬퍼하되,
깊은 소망을 품고

13 형제들아 …… 너희가 알지 못함을
우리가 원하지 아니하노니
이는 소망 없는 다른 이와 같이
슬퍼하지 않게 하려 함이라

14 우리가 예수께서 죽으셨다가
다시 살아나심을 믿을진대
이와 같이 예수 안에서 자는 자들도
하나님이 그와 함께 데리고 오시리라.

데살로니가전서 4장 13-14절

앞 장에서는 두려워하지 않고 우리 자신의 죽음에 직면하는 법을 살펴보았다. 그렇다면 우리가 사랑하는 이들의 죽음은 어떻게 받아들일 것인가? 두말할 필요도 없겠지만 당신은 앞으로 많은 죽음을 접할 것이다. 장수한다면 나이가 들수록 사별할 일도 그만큼 많아진다. 지인들만 아니라 친구들도 죽고, 친구들만 아니라 끔찍이 사랑하던 가족들도 언젠가는 죽는다.

데살로니가전서 4장에 보면 기독교는 본인의 죽음만이 아니라 사랑하는 이들의 죽음과 관련해서도 우리에게 놀라운 자원을 부여한다. 본문에서 바울은 "소망 없는 다른 이와 같이 슬퍼하지 않아야" 한다고 했다. 이는 이중부정이므로 실제로는 **"소망을 품고 슬퍼하라"**라는 말이다. 우리의 철천지원수인 죽음 앞에 극도의 균형이 필요하다는 것이다.

흔히들 생각하는 '균형 잡힌' 사람이란 대개 양극단을 피한다는 뜻이다. 그러나 바울은 양극단의 균형 잡힌 조합으로 우리를 부른다. 보다시피 그는 "슬퍼하지 말라"라고 말하지 않는다. 그리스도인도 사랑하는 사람을 잃으면 마땅히 슬퍼해야 하되 다만 방식이 달라야 한다는 것이다. 그의 말은 "슬퍼하지 말고 대신 소망을 품으라"도 아니고 "소망 따위는 없으니 그냥 울고 슬퍼하라"도 아니다.

바울은 그리스도인도 가슴 깊이 충분히 슬퍼할 수 있고 마땅히 그래야 하지만, 동시에 소망이 공존한다고 말한다. 어떻게 그럴 수 있을까?

슬픔을 애써
억누르지 말라

한편으로 우리는 그저 참고 이겨 내려 애쓰지 말고 슬퍼해야 한다. 그러나 슬퍼하는 것이 옳음에도 불구하고 슬픔은 독소로 변할 수 있다. 소망을 가미하지 않으면 슬픔 때문에 마음이 독해지고 삶이 어두워지고 기쁨이 짓눌릴 수 있다. 가장 놀라운 예를 친구 나사로의 무덤 앞에 서신 예수님에게서 볼 수 있다. 요 11장

유가족인 마리아와 마르다를 찾아가신 그분은 "이를 악물고 고개를 들고 마음을 단단히 먹으라"라고 하지 않으셨다. 마리아의 말을 듣고 난 그분의 반응은 다음과 같았다.

"예수께서 눈물을 흘리시더라."요 11:35

아무 말씀도 없이 울기만 하셨다. 이어 그분은 '화가 나서 씩씩거리시며'요 11:38; 모든 영역본에는 표현이 다소 누그러져 있지만 나사로의 무덤으로 가셨다.[1]

하나님의 아들 예수님은 자신이 곧 큰 기적을 일으켜 죽은 친구를 다시 살리실 것을 훤히 아셨다. 그러니 우리 생각 같아서는 그분이 무덤으로 걸어가실 때 슬며시 미소를 지으며 속으로 이렇게 생각하실 법도 하지 않은가? '잠시 후면 다들 내가 하려는 일을 보리라! 다 잘되리라!'

그런데 그분은 울고 슬퍼하고 분노하셨다. 세상을 만드신 창조주께서 어떻게 자기 세상에서 일어난 무언가에 노하실 수 있을까?

죽음이 침입자라서 그렇다. 하나님이 본래 설계하신 세상과 인생에 죽음은 들어 있지 않았다. 창세기 처음 석 장을 보라. 본래 우리는 죽지 않고 영원히 살도록 되어 있었다. 시간이 갈수록 더 쇠약해지는 게 아니라 더 아름다워지도록 되어 있었다. 기력을 잃고 죽는 게 아니라 더 강건해지도록 되어 있었다.

그런데 바울이 로마서 8장 18-23절에 설명했듯이, 우리가 하나님을 등지고 스스로 구주와 주님이 되려는 바람에 모든 것이 망가졌다. 사람의 몸, 자연 질서, 우리의 마음, 관계 등 아무것도 이제 본래의 설계대로 작동하지 않는다. 전부 훼손되고 변질되고 망가졌으며, 죽음도 그 일부다. 창 3:7-19 그래서 예수님은 죽음이라는 괴물 앞에 노하여 눈물을 흘리신다. 죽음은 그분이 사랑하시는 창조 세계를 무참히 일그러뜨렸다.

그러므로 '이를 악무는' 극기는 죽음과 슬픔에 잘못 반응하는 것이다. 그런 반응에도 여러 종류가 있는데 그중 하나는 이것이다. "이제 고인은 주님과 함께 있다. 주님이 모든 것을 합력하여 선을 이루시니 너무 슬퍼할 필요 없다. 물론 보고 싶기야 하겠지만 고인은 이제 천국에 있다. 무슨 일이든 다 그만한 이

유가 있는 법이다."

엄밀한 의미에서 옳을 수도 있다. 하지만 그거야 예수님도 다 아셨다. 그분은 나사로가 다시 살아날 것도 아셨고, 이 일이 아버지께서 계획하신 사역의 일환임도 아셨다. 그런데도 비통하고 분해서 슬퍼하셨다. 왜 그러셨을까? 그것이 죽음이라는 악과 기현상에 내보일 올바른 반응이기 때문이다.

세상이 유족에게 건네는 조언은 대부분 모종의 극기다. 《일리아스*Iliad*》에 나오는 고대의 한 예를 보면, 죽은 헥토르의 아버지에게 아킬레스가 "건디시오. …… 아들 때문에 슬퍼해 봐야 아무것도 나올 게 없소"라고 말한다.[2] 현대 회의론자들이 하는 말과 같다. "죽으면 끝이다. 그뿐이다. 슬퍼한다고 아무것도 달라지지 않는다. 부질없는 짓이다. 그냥 이게 현실이다."

좀 더 세련된 현대판 세속 관점은 우리에게 죽음을 그저 생명 순환의 지극히 자연스러운 일부로 보라며 이렇게 말한다. "죽음은 삶의 자연스러운 일부일 뿐이며 전혀 두려워할 게 아니다. 죽으면 우리 몸도 풀과 나무와 기타 동물처럼 땅을 기름지게 한다. 결국 우리는 우주의 먼지가 된다. 여전히 우주의 일부이니 그것도 괜찮다."

하지만 죽음을 이렇게 보는 관점이 우리 심연의 직관에 과연 들어맞는가?

그리스도인 철학자 피터 크리프트는 자신의 친구 부부 이야기를 소개했다. 신앙이 없던 그들에게 일곱 살 난 아들이 있었는데 그의 세 살배기 사촌이 죽었다. 그들은 아들아이를 앉혀 놓고 이런 말로 위로하려 했다. "알고 보면 죽음은 지극히 자연스러운 일이야."

아들을 도와주려고 이런 설명도 했다. "지극히 자연스러운 일이니까 죽어도 괜찮지. 죽으면 네 몸이 흙으로 돌아가 땅을 기름지게 하고, 덕분에 다른 생물이 자란단다. 영화 〈라이언 킹〉에서 너도 봤잖아."

그러나 어린 소년은 위로받기는커녕 "나는 그 애가 비료가 되는 게 싫어!"라고 외치며 방에서 뛰쳐나갔다.[3]

그 부모보다 아이가 예수님의 관점에 더 가까웠

다. 슬퍼했으니 말이다. 죽음은 정상이 아니요, 또한 본연의 상태가 아니다. 하나님이 지으신 세상은 본래 그렇지 않았다.

당신 마음속에 인간 본연의 소망이 있는데, "죽음은 그냥 당연한 일이다"라고 말하면 그 소망이 조금씩 무디어지거나 어쩌면 죽는다.

누구나 마음속으로 안다. 우리는 나무나 풀과 같지 않다. **영원히** 살도록 창조되었다. 그래서 모래밭에 스러지는 파도처럼 한낱 덧없고 시시한 존재가 되기를 원하지 않는다. 우리 마음은 무엇보다도 간절하게 영원한 사랑을 갈망한다.

죽음은 본연의 상태가 아니다. 죽음은 비정상이고 아군이 아니며 당연하지도 않다. 결코 생명 순환의 일부가 아니다. 죽으면 다 끝난다. 그러니 슬퍼하고 울라. 성경은 우리에게 울라고 할 뿐만 아니라 우는 자들과 함께 울라고 한다. 롬 12:15 우리 앞에 울 일이 많다는 말이다.

슬퍼하되,
소망을 품고

그러나 슬퍼하는 게 분명히 옳음에도 불구하고 바울은 우리의 슬픔에는 또한 소망이 뒤따라야 한다고 말한다. 앞서 보았듯이 죽음 앞에서 슬픔과 격노를 억압하면 심리적으로 해로울 뿐 아니라 참으로 우리의 인성에도 해롭다. 물론 분노는 인성을 짓밟아 우리를 독하고 완고해지게 할 수도 있다. 그래서 "꺼져 가는 빛에 맞서 **격노**하기만" 해서는 안 되고 소망도 있어야 하는 것이다. 그래야 슬퍼하는 방식이 달라질 수 있다.

그렇다면 무엇을 소망할 것인가? 친구 나사로의 무덤 앞에 서신 예수 그리스도를 보라. 그분은 슬퍼하고 울고 노하셨다. 잠시 후면 자신이 친구를 죽은 자 가운데서 다시 살리실 것을 아시면서도 말이다.

하지만 그분은 나머지 모든 사람이 상상조차 못했던 부분까지도 미리 아셨다. 요한복음 11장 끝에 보면 그분이 친구 나사로를 죽은 자 가운데서 다시 살리시자 그분을 대적하던 세력이 한목소리로 이렇게 말한다. "더는 가만히 둘 수 없다. 이제 죽여야 한다. 우리가 예수를 죽여야 한다."

예수님은 죽은 나사로가 다시 살아나면 적들이 극단적 조치로 치달을 것을 아셨다. 나사로를 무덤에서 나오게 하려면 자신이 무덤에 들어가시는 수밖에 없음을 아셨던 것이다. 그분을 믿는 모든 사람에게 부활을 보장하시려면 실제로 그분이 죽으셔야만 했다. 십자가에서 그분이 하신 일이 바로 그것이다.

예수님이 죽으신 덕분에 우리는 죄와 사망에서 해방되어 그분의 부활에 동참한다. 로마서 6장 5-9절에 나와 있는 대로다.

> 만일 우리가 그의 죽으심과 같은 모양으로 연합한 자가 되었으면 또한 그의 부활과 같은 모양으로 연합한 자도 되리라 우리가 알거니와 우리의 옛 사람이 예수와 함께 십자가에 못 박힌 것은 죄의 몸이 죽어 다시는 우리가 죄에게 종노릇하지

아니하려 함이니 이는 죽은 자가 죄에서
벗어나 의롭다 하심을 얻었음이라 만일 우리가
그리스도와 함께 죽었으면 또한 그와 함께 살
줄을 믿노니 이는 그리스도께서 죽은 자 가운데서
살아나셨으매 다시 죽지 아니하시고 사망이 다시
그를 주장하지 못할 줄을 앎이로라.

예수님이 죽음을 정복하셨기에 우리도 장차 그분
의 부활에 동참한다. 이것이 우리의 소망이다.

당신에게 이 소망이 없다면 죽음을 대할 때 어찌
할지 막막할 것이다. 죽음이라는 것이 점점 곪아서
당신을 절망에 빠뜨릴 수도 있다. 하지만 반대로 우
리는 슬픔에 소망을 더할 수도 있다.

우리는 슬픔과 소망이 상호 배타적이라고 보는
경향이 있지만 바울은 그렇지 않았다. 이 둘이 짝을
이룰 수 있음을 보여 주는 예화가 있다. 오랜 세월 사
람들은 소금을 쳐서 육류를 보존했다. 소금에 절이
면 고기가 썩지 않는다. 마찬가지로 슬픔도 소망이
라는 소금을 치지 않으면 고기처럼 상한다.

예수님은 나사로를 무덤에서 나오게 하려면
자신이 무덤에 들어가시는 수밖에 없음을 아셨다.
그분을 믿는 모든 사람에게
부활을 보장하시려면
실제로 그분이 죽으셔야만 했다.
십자가에서 그분이 하신 일이
바로 그것이다.

죽음 앞에 슬퍼하고 격노하는 것은 거대한 악에 내보이는 온당한 반응이다. 그러나 그리스도인에게는 소망이 있어, 마치 고기에 소금을 바르듯 그 소망을 슬픔과 분노에 '바를' 수 있다. 슬픔을 억누르거나 절망에 굴하는 것은 옳지 못하다. 분노를 억제하거나 무조건 다 터뜨리는 것도 영혼에 이롭지 못하다. 그러나 슬픔을 소망에 절이면 지혜와 긍휼과 겸손과 애정이 싹튼다.

충분히 슬퍼하되 깊은 소망을 품으라! 내가 왜 이를 중용이 아니라 양극단의 조합이라 했는지 알겠는가? 이렇게 하면 단순히 극기할 때보다 더 힘이 나고, 절망할 때보다 더 마음껏 애통할 수 있다.

여러 해 전에 나는 이것을 처음으로 직접 경험했다. 갑상선에 혹이 있어 조직 검사를 받던 중이었는데 결과는 암이었다. 충격을 감추지 못한 내 표정에 의사는 "물론 치료가 가능합니다"라고 덧붙였다. 실제로 내 갑상선암은 치료의 시간을 거쳐 말끔해졌다.

그럼에도 이후 몇 달 동안 내가 배운 사실이 있다. 사람들에게 "그리스도인은 죽음 앞에서도 소망이 있습니다"라고 말해 주기는 쉬워도, 내가 암으로 죽을지도 모르는 상황에서 실제로 그 소망을 내 것으로 붙들기란 쉽지 않다는 것이다.

알고 보니 그리스도인의 이 소망을 얻으려면 바울이 데살로니가전서에 한 말을 묵상하는 것이 그 비결 가운데 하나였다. 그는 자신의 친구들에게 "소망 없는 다른 이나머지 인류, NIV와 같이" 슬퍼하지 말라고 했다. 일부 주석가들의 말마따나 세상에는 많은 종교가 있으며 거의 모두가 모종의 내세를 믿는다. 그런데 바울은 왜 나머지 인류가 죽음 앞에 소망이 없다고 했을까?

많은 사람이 이미 지적했듯이 이는 상대적 표현이다. 예수님은 누가복음 14장 26절에 그분을 따르려면 '부모를 미워해야 한다'고 하셨는데, 이는 그분을 향한 헌신이 워낙 절대적이어서 이에 비하면 다른 모든 충절은 차라리 미움처럼 무색해 보인다는 뜻이다. 마찬가지로 바울의 말도 아무도 내세를 바라지 않는다는 뜻이 아니라 미래에 대한 그리스도인의 소망에 독보적 위력이 있다는 뜻이다. 우리도 죽

음에 대비하려면 그의 말대로 이 큰 소망을 즐거워
해야 한다.

그리스도인이 품는
소망의 위력

그렇다면 그리스도인이 죽음 앞에서 누리는 이
독보적 소망의 특성은 무엇인가?

이 소망은 인격적이다

우선 인격적 소망이다. 그리스도 안에서 죽는 사
람의 미래는 무한한 사랑의 세계다.

어떤 종교들은 이렇게 말한다. "물론 내세는 존
재하지만 한 인격체로서의 당신의 의식은 소실된다.
어차피 환영일 뿐인 당신의 개체성도 소멸된다. 당
신은 다시 바다로 돌아가는 물방울과 같아서 물방울
로 남지 않고 삼라만상의 정령에 귀속된다. 사후에
는 **너**와 **내**가 없이 늘 우주의 일부일 뿐이다."

그러나 바울은 이렇게 말한다.

주께서 호령과 천사장의 소리와 하나님의 나팔
소리로 친히 하늘로부터 강림하시리니 그리스도
안에서 죽은 자들이 먼저 일어나고 그 후에 우리
살아남은 자들도 그들과 함께 구름 속으로 끌어
올려 공중에서 주를 영접하게 하시리니 그리하여
우리가 항상 주와 함께 있으리라 그러므로 이러한
말로 서로 위로하라. 살전 4:16-18

보다시피 "함께"라는 말이 반복된다. 장차 당신
은 사별했던 이들과 함께 있을 것이고, 주님과도 영
원히 함께 있을 것이다. 이런 표현은 인격적 관계를
의미한다. 즉 완전한 사랑의 관계들이 영원히 지속
된다.

조나단 에드워즈는 "천국은 사랑의 세계다"라는
유명한 설교에서, 우리가 알 수 있는 최고의 행복은
타인에게 사랑받는 것이라고 말문을 뗐다. 그러면서
덧붙이기를 이 땅에서는 아무리 좋은 사랑의 관계라

도 속이 잔뜩 막힌 파이프와 같아서 실제로 물^{사랑}이
조금밖에 흐르지 못한다고 했다. 그러나 천국에서는
"막힌" 데가 다 뚫려, 지상에서 알던 그 무엇보다도
무한히 크고 형언 못할 사랑을 경험한다.[4]

이 땅에서는 거부당할까 봐 두려워 가면을 쓰기
때문에, 우리는 누군가 나를 다 알면서도 참으로 사
랑해 줄 때의 그 위력적 변화를 결코 경험하지 못한
다. 그뿐만 아니라 우리는 이기심과 시샘에서 비롯
된 사랑을 하다 보니, 사랑의 관계가 흔들리고 약해
지고 아예 끝나 버리기까지 한다. 마지막으로 상대
를 잃을지도 모른다는 두려움이 사랑의 관계를 잠식
한다. 그래서 우리는 통제 욕구에 사로잡혀 걸핏하
면 상대를 몰아가거나 아니면 두려워서 숫제 헌신의
관계를 맺지 않는다.

에드워즈가 단언했듯이, 현세의 사랑을 '갈수기
_{한 해 동안 강물이 가장 적은 시기-편집자} 때의 강바닥'으로 전락
시키는 그 모든 요인은 천국에 가면 다 없어진다. 천
국의 사랑은 기쁨과 지복의 끝없는 홍수이자 원천이
되어 영원토록 무한히 우리 안에 흘러들고 또 흘러

나간다.

그리스도인의 소망은 사랑의 관계가 지속되는 인격적 미래를 내다본다.

이 소망은 물리적이다

우리의 소망은 또한 물리적이다. 잘 보면 바울은 그냥 우리가 천국에 간다고 말하지 않고 "그리스도 안에서 죽은 자들이 …… 일어난다"고 했다. 물론 우리는 사후에 영혼이 천국에 갈 것도 믿지만, 그것이 구원의 정점은 아니다. 세상 끝 날에 우리는 새 몸을 받는다. 우리도 부활하신 예수님과 똑같이 부활한다. 알다시피 부활하신 예수님은 제자들을 만나셨을 때 자신이 영이 아니라 "살과 뼈"가 있다고 힘주어 말씀하시며, 그 증거로 그들 앞에서 음식을 잡수셨다. 눅 24:37-43

그분이 그들에게 가르치셨듯이, 다른 모든 주요 종교와 달리 기독교가 약속하는 것은 영만 있는 미래가 아니라 새로워진 하늘과 땅이다. 그곳은 모든 고난과 눈물과 질병과 악과 불의와 죽음이 사라진

완전한 물리적 세계다.

우리의 미래는 무형이 아니다. 장차 우리는 하나님 나라에 유령처럼 떠다니는 게 아니라 걷고 먹고 서로 부둥켜안을 것이다. 사랑할 것이다. 성대가 있으니 노래도 부를 것이다. 이 모두를 지금으로서는 상상할 수도 없을 정도로 기쁘고 탁월하고 만족스럽고 아름답고 힘차게 할 것이다. 인자이신 주님과 함께 먹고 마실 것이다.

그렇게 죽음은 최종 궤멸된다. 물리적 목숨을 잃은 것에 대한 천국의 위안 정도가 아니라 물리적 목숨까지도 회복하는 것이다. 평생 사모하던 사랑과 육체와 정신과 존재를 모두 얻는다.

당신 안에 참자아가 있는데, 그 진정한 당신은 온갖 흠과 약점에 파묻히고 훼손되고 가려져 있다. 그러나 여기 그리스도인의 소망이 있으니 곧 하나님의 사랑과 거룩하심이 장차 우리의 모든 결함을 태워 없앤다는 것이다. 그날 우리는 서로를 바라보며 이렇게 말할 것이다.

"당신이 이렇게 될 수 있음을 나는 늘 알았습니

다. 그런 모습이 언뜻언뜻 조금씩 보였으니까요. 실제로 보니 정말 멋지군요!"

세상의 타문화와 타종교를 알 만큼 알았던 바울이 말하기를, 우리의 앞날은 추상적 영성만 있는 무형의 비인격적 세계가 아니라 사랑의 관계가 지속되고 만물이 회복되는 인격적 미래라 했다.

이 미래를 알고 늘 염두에 둔다면 과연 우리가 지금처럼 침울할 수 있을까? 가해자에게 복수하려는 생각 따위가 왜 들겠는가? 알다시피 평생 원하던 모든 것은 물론이고 감히 구하거나 생각하는 것에 더 넘치도록 받을 텐데 말이다. 남이 부러울 까닭이 무엇인가? 이 소망은 사람을 변화시킨다.

이 소망은 기쁨으로 충만하다

인격적이고 물리적일 뿐 아니라 기쁨이 넘치는 소망이다. 바울은 그저 우리가 서로 함께 지낸다거나 회복된 세상이 마냥 아름다울 거라고만 말하지 않았다. 그가 염두에 둔 핵심은 그게 아니다. 궁극적인 메시지이자 강조점은 바로 "우리가 항상 **주와 함께** 있으리라"살전 4:17는 것이다. 주님과 얼굴을 직접 마주하여 보며 그분과 온전히 교감을 이룬다는 뜻이다.

바울은 그것을 고린도전서 13장 12절에서 이렇게 말했다. "우리가 지금은 거울로 보는 것같이 희미하나 그때에는 얼굴과 얼굴을 대하여 볼 것이요 지금은 내가 부분적으로 아나 그때에는 주께서 나를 아신 것같이 내가 온전히 알리라."

요한도 요한일서 3장 2절에 "그가 나타나시면 우리가 그와 같을 줄을 아는 것은 그의 참모습 그대로 볼 것이기 때문이니"라고 썼다. 그리스도의 얼굴을 들여다보는 그 때에 우리는 완전히 변화될 것이다. 바울의 말대로 우리를 온전히 아시면서도 온전히 사랑하시는 그분 앞에 마침내 서기 때문이다.

모세가 두렵고 떨림으로 하나님의 영광을 보여 달라고 했을 때출 33:18 그분은 인간이 하나님의 영광을 직접 보면 죽는다고 답하셨다.출 33:19-20 우리는 죄인이라서 거룩하신 하나님의 임재 안에 들어가면 살아남을 수 없다. 모세도 분명히 그 위험을 알았다. 그런데도 왜 그는 하나님의 영광을 직접 보려고 했을까?

다음 사실을 직관으로 알았기 때문이다. 우리는 본래 하나님을 한껏 알고 사랑하며, 그분의 사랑을 벗삼고, 그분의 아름다움을 보도록 지음받았다. 모세가 어느 정도 알았던 것이 또 있다. 인간의 불안과 인정, 위안, 미적 체험, 사랑, 권력, 성취 등에 대한 욕구는 다 어거스틴의 명언대로 우리 안에 뚫린 "하나님 모양의 구멍"을 메우려는 수단이라는 것이다. 우리는 모든 품속에서 하나님의 품을 사모하고, 모든 사랑하는 얼굴에서 그분의 얼굴을 구하며, 무엇을 성취하든 하나님께 인정받으려 한다.

모세는 하나님을 직접 마주하는 기쁨의 관계를 갈망했다. 우리는 바로 그 관계를 누리도록 지음받았다. 하나님이 모세에게 주신 답은 본질상 성경 전체와 복음 자체의 주제다. 그분은 바위틈에 모세를 덮거나 가려서 그분의 "등"만 볼 수 있게 하겠다고 하셨다. 출 33:19-23 구약에서 하나님의 영광은 성막의 지성소에 거하여, 그분의 백성 가운데 임재했으나 사람들이 접근할 수는 없었다.

그러나 예수님이 오시자 요한은 그리스도 안에서

우리가 그의 영광을 보았다고 선포했다. 요 1:14 바울도 부연하기를 예수님이 우리 대신 죽으시고 다 이루셨기에 그분을 믿는 우리는 이미 믿음으로 그분을 조금이나마 본다고 했다. 장차 우리를 온전히 변화시키실 그 모습을 말이다. 바울의 표현은 이렇다.

> 어두운 데에 빛이 비치라 말씀하셨던
> 그 하나님께서 예수 그리스도의 얼굴에 있는
> 하나님의 영광을 아는 빛을 우리 마음에
> 비추셨느니라. 고후 4:6

이것은 모세가 간구했던 직접 대면은 아니며, 바울과 요한도 그런 대면은 장래의 일이라고 말했다. 지금의 우리는 '믿음의 눈'으로 볼 수 있다. 육안으로는 아직 하나님의 영광을 볼 수 없지만, 믿음과 말씀과 성령으로 말미암아 우리 삶과 마음속에 그분의 임재와 실재를 생생히 느낄 수 있다. 성경의 약속과 진리를 읽노라면 때로 주체할 수 없을 만큼 예수님이 실감되면서 우리에게 위안이 된다.

바울은 그것을 이렇게 말했다.

> 우리가 다 수건을 벗은 얼굴로 거울을 보는
> 것같이 주의 영광을 보매 그와 같은 형상으로
> 변화하여 영광에서 영광에 이르니 곧 주의 영으로
> 말미암음이니라. 고후 3:18

바울의 말처럼 변화하는 사람이 의외로 아주 드물긴 하지만, 그래도 이것은 소수의 성도에게만 국한된 경험이 아니다. 로마서에 바울은 "소망이 우리를 부끄럽게 하지 아니함은 우리에게 주신 성령으로 말미암아 하나님의 사랑이 우리 마음에 부은 바 됨이니"롬 5:5라고 썼다. 그에 따르면 하나님의 사랑을 머리로만 아는 게 아니라 성령께서 그 사랑을 우리 마음에 부어 주실수록, 즉 체험할수록 우리 미래의 소망도 그만큼 더 견고해진다.

이 말씀을 실제로 체험한 사람들이 꽤 많다. 당신도 성경을 읽거나 기도하거나 찬송을 부르다가 그분의 위대하심과 사랑이 느껴질 수 있다. 비록 일부에 불과하며 불완전한 것이고 아직은 믿음으로만 경험할 뿐이지만, 그래도 그것이 당신에게 위안과 변화를 가져다준다. 이것이 그분의 얼굴에서 우리 마음에 비쳐 오는 빛이다. 윌리엄 쿠퍼는 이렇게 썼다.

> 찬송하는 성도에게
> 놀라운 빛 비치니
> 주님 치유의 날개로
> 우리를 덮으시네.[5]

C. S. 루이스는 하나님의 영광이 이처럼 강 하류에서도 우리를 도취시키는데, 그 강의 발원지에서 마시면 얼마나 더하겠느냐고 반문했다.[6]

우리는 바로 그것을 누리도록 지음받았다. 시편 16편 11절 말씀 뒷부분을 직역하면 "주의 얼굴에는 충만한 기쁨이 있고 주의 오른손에는 영원한 즐거움이 있나이다"가 된다. 시편 17편 15절에는 죽고 나서 "깰 때에 주의 형상으로 만족하리이다"라고 했다. 17세기 영국의 목사이자 신학자인 존 플라벨은 이 구절

을 설명하면서 장래에 뵈올 하나님을 다음과 같이
묘사했다.

> 우리는 그 모습에 만족할 것이다. 시 17:15 ……
> 지식으로 더 알아야 할 것도 없고, 의지로 더 힘쓸
> 일도 없으며, 기쁨과 즐거움과 사랑의 감정도
> 본연의 제자리에서 온전한 안식과 평온을 누린다.
> …… 당신을 즐겁게 하는 현세의 모든 것은 결코
> 만족을 줄 수 없다. 당신이 유독 하나님 자신만을
> 온통 사모하기 때문이다. …… 이 땅에서 누리던
> 위안은 영혼의 갈망을 채워 주기는커녕 오히려
> 감질나게 부채질할 뿐이다. 그러나 **어린양은 ……**
> **그들을 생명수 샘으로 인도하신다.** 계 7:17[7]

아내 캐시가 가끔 내게 하는 말이 있다.

"미래의 영광은 기념품을 사지 않아도 되어서 좋
아요."

무슨 뜻일까? 그 때의 삶에는 후회가 없을 테니,
"그 나라에 가서는 사진을 하나도 찍지 못했다"라든

지 "이런저런 경험을 하지 못했다"라고 말할 일도 없다는 뜻이다. 이 세상 것은 아무리 놀랍거나 위대해도 장차 직접 뵈올 하나님 그리고 사랑의 세계인 새 하늘과 새 땅에 비하면 예고편이나 맛보기에 불과하다.

당신을 사랑으로 바라보시는 우주의 하나님을 마침내 뵐 때, 영혼의 잠재력이 모두 실현되면서 당신은 하나님의 자녀로서 영광의 자유를 누리게 된다.

이 소망은 확실하다

그리스도인의 소망에 독보적 측면이 하나 더 있다. 타종교도 내세를 믿을 수는 있으나 내세를 누가 누릴지에 대해서는 확신을 주지 못한다. 테오크리토스는 "소망은 산 자의 몫이며 죽은 자는 소망이 없다"라고 썼다.[8] 타종교에서는 아무도 자신이 복된 내세를 맞이할 만큼 덕을 충분히 쌓았다는 확신을 얻을 수 없다.[9]

그런데 바울은 이렇게 썼다.

우리가 예수께서 죽으셨다가 다시 살아나심을

믿을진대 이와 같이 예수 안에서 자는 자들도
하나님이 그와 함께 데리고 오시리라. 살전 4:14

이 말이 무슨 뜻일까? 죄의 삯은 사망이다. 롬 6:23
즉 우리는 죽어 마땅하다. 그런데 죄수도 죗값을 다
치르면 풀려난다. 법의 구속력이 소멸된다. 마찬가
지로 예수님도 자신의 죽음으로 우리 죗값을 다 치
르셨으므로 다시 살아나셨다. 법과 사망은 더는 그
분께 구속력이 없으며, 그분을 믿는다면 우리에게도
마찬가지다. "이제 그리스도 예수 안에 있는 자에게
는 결코 정죄함이 없나니."롬 8:1

그분을 믿으면 마치 우리가 직접 죗값을 치르고
죽은 것처럼 정죄로부터 자유로워진다. "만일 우리
가 그리스도와 함께 죽었으면 또한 그와 함께 살 줄
을 믿노니."롬 6:8

바울이 데살로니가전서 4장에 한 말이 바로 그런
뜻이다. 우리는 장래에 뵙게 될 하나님, 사랑의 세계,
새로워진 우주를 알 뿐만 아니라 그 놀라운 실재가
우리의 것임을 확신한다. 죽은 뒤에 하나님 곁으로

갈 만큼 자신이 충분히 착했는지 불안해하며 고민할 필요가 없다. 우리는 이 모두를 깊이 확신하며 살아간다. 그리스도인의 소망은 이 부분에서도 타의 추종을 불허한다.

무엇을 더 바라겠는가?

마가복음 5장에 보면 사람들이 예수님을 어느 소녀가 죽어 있는 방으로 모시고 간다. 다들 슬피 우는데 그분은 차분히 앉아 아이의 손을 잡으신다. 목격자의 진술 속에 예수 그리스도께서 실제로 아이에게 아람어로 하신 말씀이 보존되어 있다. "달리다굼"은 "애야, 일어나라"로 번역하는 게 가장 좋다. 소녀는 정말 일어났다.

예수님이 앉아 소녀의 손을 잡고 하신 말씀은 어느 평범한 아침에 부모들이 자녀에게 할 법한 말이다. 그분은 "애야, 일어날 시간이다"라고 하셨다.

그 순간 예수님이 맞서신 것은 무엇인가? 그분은 인류가 맞서야 할 가장 냉혹하고 무자비한 난공불락의 세력에 맞서셨으니, 곧 죽음이다.

그런데 그분은 죽음 저편의 소녀를 손으로 살짝

당겨서 일으키셨다. 이렇게 말씀하신 셈이다. "내가 네 손을 잡으면, 네가 은혜 안에서 믿음으로 나를 알면 아무것도 너를 해칠 수 없다. 심지어 죽음이 닥쳐와도 그저 간밤의 단잠에서 깨어나는 것과 같다. 내 손에 붙들려 있다면 너는 죽는다 해도 도리어 지금보다 더 나아질 뿐이다. 아무것도 너를 해칠 수 없다. 그러니 안심하라."

C. S. 루이스는 이렇게 썼다. "장차 그분은 우리 가운데 가장 연약하고 부정한 이들까지도 …… 찬란하게 빛나는 불멸의 존재로 변화시키신다. 그때 우리는 지금으로서는 상상할 수도 없는 활력과 기쁨과 지혜와 사랑으로 끝없이 박동할 것이며, 반들반들 흠이 없는 거울처럼 하나님의 무한한 능력과 기쁨과 선하심을 그분께로 온전히^{물론 작게나마} 도로 반사할 것이다. …… 우리에게 예비된 미래가 자그마치 그 정도다."[10]

기뻐 웃으며
노래할 수 있다

이 시대 우리 문화에서 죽음을 입에 올려도 되는 몇 안 되는 곳 가운데 하나는 장례식장이다. 장례식에 참석하는 이유는 사람마다 다르다. 물론 고인의 생애를 기리고 유가족들을 위로하는 것도 그중 하나다. 그러면서 동시에 우리는 우리 삶의 마지막을 깊이 생각할 수밖에 없다.

결혼식 하객이 자신의 결혼식을 생각^{회고 또는 예견}하듯이 장례식이 우리 앞에 들이미는 진실이 있다. 언젠가는 사람들이 내 장례식에 참석한다는 것이다. 그래서 평소 이런 생각을 하지 않던 사람도 이때만은 신의 존재와 내세의 문제를 생각하곤 한다. 하지만 고인이 가까운 가족이나 친구가 아닌 이상 장례식이 끝나면 다시 이전의 상태로 돌아가 죽음에 대한 생각을 최대한 멀리한다.

추도식과 달리 영결식은 그야말로 죽음의 목전에서 이루어진다. 관 속에 시신이 있다. 죽음을 마주하는 인간의 반응은 다양하지만, 우리가 범할 수 있는 두 가지 상반된 오류가 있다. 하나는 너무 절망하는 것이고, 또 하나는 마땅히 배워야 할 바를 배우지 않고 그냥 무시하는 것이다.

어느 쪽도 유익하지 못하므로 우리는 성경이 하라는 대로 해야 한다. 슬퍼하되 소망을 품어야 한다. 부정하지 말고 깨어나 영원한 평안의 근원을 찾아야 한다. 마지막으로, 웃고 노래해야 한다.

성경에 보면 하나님의 아들이 다시 오실 그 날에는 산과 숲도 기뻐 노래한다. 하나님의 아들 예수 그리스도께서 치유의 날개를 타고 재림하실 때 성경 말씀대로 산과 나무가 기뻐 노래한다. 그분의 손안에서 마침내 우리가 하나님이 뜻하신 본연의 모습으로 완성되기 때문이다.

산과 나무들이 진정 기뻐 노래할진대 하물며 우리는 오죽하겠는가?

그리스도인의 소망을 잘 표현한 문학 작품으로, 17세기 기독교 시인 조지 허버트의 시가 있다. "대화의 노래"라는 시에 그는 '사망'과 한 '그리스도인'이 나

누는 가상의 대화를 고린도전서 15장에 기초해 운치 있고 생동감 넘치게 담아냈다.

"

대화의 노래 A Dialogue-Anthem

조지 허버트

그리스도인 아, 가련한 사망이여! 너의 영광이 어디 있느냐?
          너의 소문난 위세와 예로부터 쏘던 것이 어디
          있느냐?

사망   아, 자취 없이 죽을 가련한 운명이여!
          내가 너의 왕을 어떻게 죽였는지 가서 자세히
          읽어 보라.

그리스도인 가련한 사망이여! 그 피해를 누가 입었던가?
          너는 그분을 저주하려 했으나 정작 저주받은
          것은 너로다.

사망   패자가 말이 많구나. 그러나 너도 결국은

죽을지니 내 손으로 너의 숨통을 끊어

놓으리라.

그리스도인 얼마든지 너의 최악을 다해 보라.

장차 나는 이전보다 나아지겠으나

너는 훨씬 더 나빠져서 온데간데없어지리라.

보다시피 그리스도인은 사망을 보며 이렇게 말한다. "어서 얼마든지 너의 최악을 다해 보라. 어서 네 최고의 타격으로 나를 쳐 보라. 네가 나를 낮출수록 나는 더 높아지겠고, 네가 나를 세게 칠수록 나는 더 찬란하고 영화로워지리라."

다른 글에서 조지 허버트는 "죽음은 한때 사형집행인이었으나 복음 앞에서 한낱 정원사로 전락했다"라고 말하기도 했다. 죽음은 한때 우리의 숨통을 끊어 놓을 힘이 있었으나 이제 죽음이 할 수 있는 일이라고는 우리를 하나님의 땅에 심어 비범한 존재로

피어나게 하는 것뿐이다.

오래전에 시카고의 유명한 드와이트 무디 목사는 죽음을 앞두고 이렇게 말했다. "머잖아 시카고의 여러 신문에 드와이트 무디의 부고가 실리거든 절대로 믿지 말라. 그 순간 나는 지금보다 더 생생하게 살아 있을 것이다."

슬퍼하되 소망을 품으라. 부정이나 착각에서 안심하고 깨어나라. 죽음 앞에 웃으며 장차 일어날 일을 생각하며 기뻐 노래하라. 예수 그리스도께서 당신의 손을 잡고 계시면 당신도 노래할 수 있다.

주의 백성의 힘이 되시는 우리 아버지여,

구하오니 우리 가운데 마음이 상한 자들을 치유하시고

상처를 싸매 주옵소서. 장차 주께서 모든 눈물을

닦아 주시고 모든 어둠을 쫓아내실 그 날의 삶을

그들과 우리 모두에게 보여 주옵소서.

지금 성령의 능력으로 우리를 일으키셔서

소망과 신뢰 가운데 주님을 따르게 하옵소서.

주님의 능하신 사랑으로 우리를 보호하시고,

주님의 넘치는 지혜로 우리를 양육하시고,

주님의 아름다움으로 우리를 사로잡아 주시고,

주님의 평안으로 우리를 충만하게 하시며,

주님 임재의 빛과 사랑으로 우리 마음을 세워 주옵소서.

부활이요 생명이신 예수 그리스도의 이름으로 기도합니다.

아멘.

죽음은 한때
우리의 숨통을 끊어 놓을
힘이 있었으나
이제 죽음이 할 수 있는 일이라고는
우리를 하나님의 땅에 심어
비범한 존재로
피어나게 하는 것뿐이다.

○

하나님의

약속을

붙들다

1

기독교 신앙은 죽음 앞에서 신자에게 무엇에도 비할 수 없는 약속과 소망을 준다. 물론 아플 때 우리는 치유해 달라고 기도해야 한다. 우리 하나님은 기도를 들으시는 전능하신 분이기 때문이다. 그러나 하나님을 언제라도 대면하여 만날 준비도 되어 있어야 한다. 이 기회에 기도와 준비를 병행해야 한다.

◊ 당신은 예수님이 당신의 구주로 오셔서 당신이 살았어야 할 삶을 사셨고, 또 당신 대신 죽으셔서 당신의 죄를 속해 주셨으며, 은혜의 값없는 선물로 당신에게 구원을 베푸셨음을 믿는가?

◊ 돌이켜 당신이 저지른 모든 잘못을
   회개했는가?

◊ 오직 예수님만을 신뢰하고 의지하여 하나님
   앞에 받아들여졌는가?

이 믿음이 있다면 당신은 하나님께 정죄당하지
않는다. 롬 8:1

죽음 앞에서 아직 하나님의 위로와 확실한 사랑
을 누리지 못하고 있다면, 이렇게 자신에게 물어보
라. "나는 그리스도께서 이루신 일을 믿어서 받는
구원과 내 힘으로 얻어 내는 구원의 차이를 분명히
알고 있는가? 혹시 나 스스로 구원을 얻어 내야 한
다는 생각을 은연중에 조금이라도 고수하고 있지는
않은가?"

도덕적으로 실패한 과거의 기억 때문에 마음이 침
울해지는가? 그런 생각일랑 물리치고 빌립보서 3장
4-9절을 묵상하라. 거기 바울이 말했듯이 행여 "육체
를 신뢰할 만한" 사람이 있다면 바로 그 자신이었다.
바울이 생각할 때 종교적으로나 도덕적으로 자신보

다 더 열심인 사람은 없었다. 그런 그가 그 모든 것이 무용지물임을 깨달았다.

중요한 것은 이것뿐이다. "그 안에서 발견되려 함이니 내가 가진 의도덕 이력는 율법에서 난 것이 아니요 오직 그리스도를 믿음으로 말미암은 것이니 곧 믿음으로 하나님께로부터 난 의라."

죽음을 마주한 신자가 묵상할 만한 약속이 성경에 많이 있다. 여기 당신의 죽음을 생각하거나 혹은 눈앞에 죽음이 다가왔을 때 일주일에 걸쳐 되새겨 볼 만한 성경 말씀을 소개한다. 요일별로 하나씩 모두 일곱 편이다.

나의 간절한 기대와 소망을 따라

아무 일에든지 부끄러워하지 아니하고

지금도 전과 같이 온전히 담대하여

살든지 죽든지 내 몸에서

그리스도가 존귀하게 되게 하려 하나니

이는 내게 사는 것이 그리스도니

죽는 것도 유익함이라

그러나 만일 육신으로 사는 이것이

내 일의 열매일진대

무엇을 택해야 할는지 나는 알지 못하노라

내가 그 둘 사이에 끼었으니.

/ 빌립보서 1장 20-23절

성경 말씀대로 죽음이란 참혹한 괴물이지만, 하나님과의 관계를 확신하는 그리스도인에게는 삶도 죽음도 유익하다. 이 땅에서나 천국에서나 각기 나

름의 방식대로 하나님을 즐거워하며 섬길 수 있기
때문이다. "그 둘 사이에 끼었으니"라는 바울의 말은
허언이 아니다.

여호와께서 지금 말씀하시느니라……

너는 두려워하지 말라

내가 너를 구속하였고

내가 너를 지명하여 불렀나니 너는 내 것이라

네가 물 가운데로 지날 때에 내가 너와 함께할 것이라

강을 건널 때에 물이 너를 침몰하지 못할 것이며

네가 불 가운데로 지날 때에 타지도 아니할 것이요

불꽃이 너를 사르지도 못하리니

대저 나는 여호와 네 하나님이요

이스라엘의 거룩한 이요 네 구원자임이라.

/ 이사야 43장 1-3절

하나님이 명백히 말씀하시듯이, 우리가 그분의 것일진대 그분은 결코 우리를 버리지 않으신다. 이 땅에서 당하는 고난은 우리를 더 아름답게 빚어 줄 뿐이다. 높은 압력을 받아 만들어지는 다이아몬드의 이치와도 같다. 나아가 죽음은 궁극의 기쁨으로 들어가는 칙칙한 문에 불과하다. 이사야 43장에 기초한 이 찬송가를 생각해 보라.

주를 믿어 안식하는 영혼
적에게 내주지 않으시리.
지옥 권세가 흔들려 해도
결단코 버리지 않으시리.[1]

그러므로 우리가 낙심하지 아니하노니

우리의 겉사람은 낡아지나

우리의 속사람은 날로 새로워지도다

우리가 잠시 받는 환난의 경한 것이

지극히 크고 영원한 영광의 중한 것을

우리에게 이루게 함이니

우리가 주목하는 것은 보이는 것이 아니요

보이지 않는 것이니

보이는 것은 잠깐이요

보이지 않는 것은 영원함이라.

/ 고린도후서 4장 16-18절

노년에 이르면 우리의 체력과 외모는 쇠하지만,
하나님의 은혜 안에 자라 가고 있다면 영혼은 날로
더 강건하고 아름다워진다. 죽음에 이르러 이 엄청
난 전복은 완성된다. 몸은 망가지는데도 우리는 한

없이 영화로워진다. 이 말씀으로 위로를 받으라.

만일 땅에 있는 우리의 장막 집이 무너지면

하나님께서 지으신 집 곧 손으로 지은 것이 아니요

하늘에 있는 영원한 집이 우리에게 있는 줄 아느니라

…… 참으로 이 장막에 있는 우리가

짐 진 것같이 탄식하는 것은

벗고자 함이 아니요 오히려 덧입고자 함이니

죽을 것이 생명에 삼킨 바 되게 하려 함이라……

우리가 담대하여 원하는 바는

차라리 몸을 떠나 주와 함께 있는 그것이라

그런즉 우리는 몸으로 있든지 떠나든지

주를 기쁘시게 하는 자가 되기를 힘쓰노라.

/ 고린도후서 5장 1, 4, 8-9절

전투를 앞두고 겁먹은 병사를 어떤 군목이 이렇게 위로했다고 한다. "살아남는다면 예수님이 자네와 함께하실 것이고 전사한다면 자네가 그분과 함께할 것이네. 어느 쪽이든 자네는 그분의 것일세."

너희는 마음에 근심하지 말라

하나님을 믿으니 또 나를 믿으라

내 아버지 집에 거할 곳이 많도다

그렇지 않으면 너희에게 일렀으리라

내가 너희를 위하여 거처를 예비하러 가노니

가서 너희를 위하여 거처를 예비하면

내가 다시 와서 너희를 내게로 영접하여

나 있는 곳에 너희도 있게 하리라……

평안을 너희에게 끼치노니

곧 나의 평안을 너희에게 주노라

내가 너희에게 주는 것은

세상이 주는 것과 같지 아니하니라

너희는 마음에 근심하지도 말고

두려워하지도 말라.

/ 요한복음 14장 1~3, 27절

세상이 줄 수 있는 평안은 "아마 그렇게까지 나빠
지지는 않을 거야"가 고작이다. 예수님의 평안은 다
르다. 최악의 사건인 죽음조차도 결국은 최선의 사
건이 된다. 우리는 다 진정한 "집"을 고대하거니와
예수님은 그 집이 당신을 기다린다고 말씀하신다.

만일 우리가 죄가 없다고 말하면 스스로 속이고

또 진리가 우리 속에 있지 아니할 것이요

만일 우리가 우리 죄를 자백하면

그는 미쁘시고 의로우사 우리 죄를 사하시며

우리를 모든 불의에서 깨끗하게 하실 것이요……

내가 이것을 너희에게 씀은

너희로 죄를 범하지 않게 하려 함이라

만일 누가 죄를 범하여도

아버지 앞에서 우리에게 대언자가 있으니

곧 의로우신 예수 그리스도시라.

/ 요한일서 1장 8절 – 2장 1절

우리가 죄를 인정하지 않고 숨기려 하면 하나님
이 들추어내신다. 그러나 우리가 군소리 없이 죄를
회개하고 드러내면 하나님이 가장 놀랍고 기이한 방
식으로 덮어 주신다. 신자들은 알거니와 그리스도는

이를테면 하늘의 법정에서 우리의 "대언자" 혹은 변호사 역할을 하신다. 즉 재판장이신 하나님이 우리를 보실 때 "그리스도 안에서" 보시므로 죄가 우리를 정죄할 수 없다. 그리스도인은 죽음이나 심판을 두려워할 이유가 없다.

생각하건대 현재의 고난은

장차 우리에게 나타날 영광과 비교할 수 없도다……

그런즉 이 일에 대하여 우리가 무슨 말 하리요

만일 하나님이 우리를 위하시면

누가 우리를 대적하리요

자기 아들을 아끼지 아니하시고

우리 모든 사람을 위하여 내주신 이가

어찌 그 아들과 함께 모든 것을

우리에게 주시지 아니하겠느냐

누가 능히 하나님께서 택하신 자들을 고발하리요

의롭다 하신 이는 하나님이시니 누가 정죄하리요

죽으실 뿐 아니라 다시 살아나신 이는

그리스도 예수시니 그는 하나님 우편에 계신 자요

우리를 위하여 간구하시는 자시니라

누가 우리를 그리스도의 사랑에서 끊으리요

환난이나 곤고나 박해나 기근이나

적신이나 위험이나 칼이랴……

그러나 이 모든 일에 우리를 사랑하시는 이로 말미암아

우리가 넉넉히 이기느니라

내가 확신하노니 사망이나 생명이나

천사들이나 권세자들이나

현재 일이나 장래 일이나

능력이나 높음이나 깊음이나

다른 어떤 피조물이라도

우리를 우리 주 그리스도 예수 안에 있는

하나님의 사랑에서 끊을 수 없으리라.

/ 로마서 8장 18, 31-35, 37-39절

우리의 숱한 의문에 내놓는 바울의 답은 이것이다. "아무것도 없다! 하늘이나 땅이나 그 어디 그 무엇도 우리를 그리스도 안에 있는 하나님의 사랑에서 끊을 수 없다!"

사랑하는 이가 누운 관 앞에 서거나 본인에게 닥쳐올 죽음을 생각할 때, 우리에게는 아무것도 우리를 하나님의 사랑에서 끊을 수 없다는 확신이 있다.

ㅇ

하나님의

약속을

붙들다

2

사랑하는 사람이

세상을 떠났을 때

주변 사람의 갑작스러운 죽음을 경험했다면 향후 어디에 살 것인지, 직업을 바꿀 것인지 같은 삶의 중대한 결정을 당장 내려야 한다는 부담을 갖지 말라. 필시 지금은 그런 문제를 결정하기에 좋은 때가 아니다.

사랑하는 사람이 장기간 투병하거나 아예 한동안 의식을 잃었거나 혼미한 상태로 지내다가 사망했다면, 대개 고인이 떠나기 전부터 당신 마음속에서는 헤어짐을 준비하며 '정을 떼는' 작업이 시작된다.

그러나 느닷없이 닥친 죽음에 충격을 받은 경우에는 꽤 오랫동안 비현실감이 떠나지 않을 수 있다. 즉 모든 게 꿈이나 한 편의 영화 같고 자신이 마치 남처럼 느껴진다. 이런 상태에서는 그냥 하루 단위로

살면서 '당면한 일만 하면' 된다. 사람들과 함께 보내는 시간이 너무 많지도 않고 너무 적지도 않게 하라. 현실감이 찾아들고 마침내 고인을 놓아 보낼 수 있게 되면, 그때 더 좋은 상태에서 당신의 미래를 생각하면 된다. 너무 서두르지 말라.

자신에게든 다른 사람에게든 하나님께든 자신의 생각과 감정을 솔직히 시인하라. 의문을 품고 울분을 토하는 일이 '영적이지 못하다'라고 생각하지 말라. 예수님도 친구 나사로의 죽음 앞에서 우시고 분노하셨다. 욥도 주님께 울부짖었다. 욥은 목청껏 하소연하되 하나님께 했고, 당장 별 성과가 없는데도 부단히 기도하며 그분을 만났다.

이제 사랑하는 고인은 그리스도와 함께 있고 언젠가는 우리도 다시 만나겠지만, 그 사실을 안다는 이유만으로 슬픔과 분노를 억누른 채 당장 무조건 행복해야 하는 것은 아니다. 예수님도 그러지 않으셨다. 그렇다고 감정을 무절제하게 쏟아 내 자신이나 주변 사람을 해치지는 말라.

사랑하는 사람이 신자였다면 지금 고인이 누리

고 있을 기쁨을 묵상해 보라. C. S. 루이스는 아내
와 사별했을 때 "그녀는 하나님의 손안에 있습니다"
라는 누군가의 말을 듣고 퍼뜩 떠오르는 심상이 있
었다.

> "그녀는 하나님의 손안에 있습니다."
> 아내를 검으로 생각하면 이 말이 새로운 생기를
> 띤다. 지상에서 나와 함께했던 삶은 어쩌면 검을
> 벼리는 과정에 불과했다. 아마 지금은 그분이
> 칼자루를 쥐고 저울질하시며 이 신무기로 공중에
> 벼락을 내리치실 것이다. "예루살렘의 정품
> 칼날"이다. …… 설령 가능하다 해도 고인을 도로
> 불러온다면 얼마나 악한 일이겠는가!'

  사랑하는 고인의 현재 모습을 정말 육안으로
볼 수 있다면, 우리는 그 한없이 찬란하고 아름다
운 자태를 주체하지 못해 엎드려 그 사람을 경배하
고 싶어질 것이다. 물론 그쪽에서 허락하지도 않겠
지만 말이다.

사랑하는 사람을 잃고 나면 가장 큰 도전은 다음 사실을 깨닫는 것이다. 사랑과 기쁨과 은혜가 이제는 다 사라진 것 같아도, 그 모든 것의 원천이신 주님께로부터 여전히 직접 받아 누릴 수 있다. 그분과 교제하면 여태 당신이 손조차 대 보지 못했던 능력의 깊은 샘이 열린다.

물론 즉시 되는 일은 아니다. 당신의 기도 생활이 당장 확 좋아지기를 기대하지 말라. 삶 전반처럼 기도도 비현실감에 휩싸일 것이다. 그러나 결국은 당신이 꿈에도 상상하지 못했던 위로와 평안이 준비되어 있다.

배우자, 가족, 친구, 건강, 집, 안전 등이 있을 때는 우리는 주님과의 교제와 기도가 얼마나 깊은 은혜가 되는지 굳이 헤아려 보지 않는다. 하지만 은혜는 무궁무진하게 쌓여 있다. 여생을 헤쳐 나가기에 족하고도 남으며, 그 사이에 당신은 이 비극을 당하기 전보다 어떤 면에서는 더 깊고 지혜롭고 즐거운 사람이 된다.

이런 상처는 여간해서 아주 사라지지 않는다. 하

지만 예수님 손의 못 자국처럼 이 "상처도 영광 중에 빛날" 수 있다.[2] 그러니 지금의 허망감이 늘 계속되라는 법은 없다는 희망을 품으라.

여기 사랑하는 사람의 죽음을 앞두고 있거나 경험했을 때 일주일에 걸쳐 묵상할 만한 성경 말씀을 소개한다. 요일별로 하나씩 모두 일곱 편이다.

그의 날을 정하셨고 그의 달수도 주께 있으므로

그의 규례를 정하여 넘어가지 못하게 하셨사온즉

그에게서 눈을 돌이켜

그가 품꾼같이 그의 날을 마칠 때까지

그를 홀로 있게 하옵소서.

/ 욥기 14장 5-6절

주는 내게서 사랑하는 자와 친구를 멀리 떠나게 하시며

내가 아는 자를 흑암에 두셨나이다.

/ 시편 88편 18절

하나님은 이런 상념까지도 그분의 기록된 말씀
속에 허용하실 뿐 아니라 일부러 넣어 두셨다. 이것
은 무엇을 말해 주는가? 절박한 상황에서 우리가 무
슨 심정으로 어떻게 말할지를 그분은 아신다. [3]

의인이 죽을지라도 마음에 두는 자가 없고

진실한 이들이 거두어 감을 당할지라도

깨닫는 자가 없도다

의인들은 악한 자들 앞에서 불리어 가도다

그들은 평안에 들어갔나니

바른길로 가는 자들은

그들의 침상에서 편히 쉬리라.

/ 이사야 57장 1-2절

우리 관점에서 보면 죽음, 특히 요절은 거대한 악
일 뿐이다. 그러나 우리는 미래를 모른다. 죽음을 통
해 하나님이 사람을 그분께로 데려가 평안을 주시고
악을 면하게 하신다면 어찌할 것인가? 왜 이것이 인
간의 직관에 그토록 반할까?

　　요한복음 11장 17-44절을 읽으라. 예수님이 보여
주시듯이 그분은 죽음을 하나님 관점에서도 보시고
사별한 인간의 관점에서도 보신다. 마리아와 마르다
와 함께 우시면서도 죽음을 향해 격노하신다. ^{38절} 잠
시 후 친히 나사로를 다시 살리실 텐데도 말이다. 하
나님은 그분의 사람을 집으로 즉 그분께로 부르실
때도, 죽음에 뒤따르는 비통함과 참담함을 아시고
우리와 함께 슬퍼하신다. 하나님이 죽음을 미워하신
다는 사실을 아는 것이 우리에게 어떤 식으로 도움
이 되는가?

　　예수께서 이르시되 나는 부활이요 생명이니
　　나를 믿는 자는 죽어도 살겠고
　　무릇 살아서 나를 믿는 자는 영원히 죽지 아니하리니
　　이것을 네가 믿느냐.
　　/ 요한복음 11장 25-26절

당신은 이것을 믿는가? 믿는다면 어떻게 슬퍼해야 하겠는가?

그리스도께서 다시 살아나신 일이 없으면

너희의 믿음도 헛되고

너희가 여전히 죄 가운데 있을 것이요

또한 그리스도 안에서 잠자는 자도 망하였으리니

만일 그리스도 안에서 우리가 바라는 것이

다만 이 세상의 삶뿐이면

모든 사람 가운데 우리가 더욱 불쌍한 자이리라

그러나 이제 그리스도께서

죽은 자 가운데서 다시 살아나사

잠자는 자들의 첫 열매가 되셨도다

사망이 한 사람으로 말미암았으니

죽은 자의 부활도 한 사람으로 말미암는도다
아담 안에서 모든 사람이 죽은 것같이
그리스도 안에서 모든 사람이 삶을 얻으리라.
/ 고린도전서 15장 17-22절

바울은 기독교 전체의 신빙성을 예수님이 죽은 자 가운데서 부활하셨는지 여부에 걸었다. 기독교 신앙이 이생의 위안에 불과하다면 우리는 불쌍한 존재이며, 그리스도께 소망을 두고 죽은 자들은 영원히 망했다. 그러므로 기독교의 다른 어떤 가르침이나 주장을 생각하기 전에 핵심 질문은 이것이다.

"예수님은 죽은 자 가운데서 부활하셨는가?"

답이 긍정이라면 비록 고통이 따를지라도 앞길은 소망으로 이어진다. 답이 부정이라면 삶은 무의미하다. 어느 쪽이 맞는가?

만일 땅에 있는 우리의 장막 집이 무너지면

하나님께서 지으신 집 곧 손으로 지은 것이 아니요

하늘에 있는 영원한 집이 우리에게 있는 줄 아느니라

참으로 우리가 여기 있어 탄식하며

하늘로부터 오는 우리 처소로 덧입기를

간절히 사모하노라

이렇게 입음은 우리가 벗은 자들로

발견되지 않으려 함이라

참으로 이 장막에 있는 우리가

짐 진 것같이 탄식하는 것은

벗고자 함이 아니요 오히려 덧입고자 함이니

죽을 것이 생명에 삼킨 바 되게 하려 함이라

곧 이것을 우리에게 이루게 하시고

보증으로 성령을 우리에게 주신 이는

하나님이시니라.

/ 고린도후서 5장 1-5절

바울은 사람이 죽으면 몸을 벗고 영만 남는다는 개념을 단호히 배격했다. 오히려 우리는 불멸의 몸을 덧입는다. 고린도전서 15장에도 그는 이 주제를 다루며 몸의 부활을 논했다.[42-54절] 요컨대 우리가 죽음을 통과해 들어서는 곳은 막연한 내세가 아니라 상상할 수 없이 기쁘고 충일한 삶이다. 사랑하는 이들은 우리를 떠나 어둠 속으로 가는 것이 아니라 빛 가운데로 들어간다.

o 토요일   S A T o

여호와는 나의 목자시니

내게 부족함이 없으리로다

그가 나를 푸른 풀밭에 누이시며

쉴 만한 물가로 인도하시는도다

내 영혼을 소생시키시고

자기 이름을 위하여 의의 길로 인도하시는도다

내가 사망의 음침한 골짜기로 다닐지라도

해를 두려워하지 않을 것은

주께서 나와 함께하심이라

주의 지팡이와 막대기가 나를 안위하시나이다

주께서 내 원수의 목전에서 내게 상을 차려 주시고

기름을 내 머리에 부으셨으니 내 잔이 넘치나이다

내 평생에 선하심과 인자하심이

반드시 나를 따르리니

내가 여호와의 집에 영원히 살리로다.

/ 시편 23편

이 말씀에는 애통하는 이들을 위한 위로가 총망
라되어 있다. 사망의 음침한 골짜기를 걷게 되거든
당신을 거기로 인도하신 분이 목자이신 예수님임을
잊지 말라. 그분이 당신을 위로하시며, 다른 방법으
로는 불가능했을 힘과 깊이와 성장을 여러모로 더해
주신다. 그러니 그분의 임재를 감사하고, 자기연민
을 물리치고, 기도로 그분을 구하라.

설령 임재가 느껴지지 않더라도 그분은 곁에 계신다. 예수님도 모두에게 버림받으신 채 홀로 죽음을 맞이하셨다. ^{마 27:46} 덕분에 우리는 사랑하는 이의 죽음이나 자신의 죽음에 직면할 때 결코 혼자가 아니다.

○ 일요일   S U N ○

그러므로 이제 그리스도 예수 안에 있는 자에게는
결코 정죄함이 없나니
이는 그리스도 예수 안에 있는 생명의 성령의 법이
죄와 사망의 법에서 너를 해방하였음이라.
/ 로마서 8장 1-2절

많은 사람이 자신이 유죄 선고를 받았음을 모르거나 혹은 그게 얼마나 심각한 일인지를 모른다. 기

껏해야 집요한 불안감 정도다. 그러나 죽음이 닥쳐
오면 원수 마귀가 우리가 저지른 어마어마한 반역죄
를 전부 까발릴 것이다. 그때 우리는 뭐라고 답할 것
인가? 답은 하나뿐이다. 예수님이 형벌을 대신 치르
시고 우리를 해방시키셨다는 것이다. 그래서 이제
우리 몫으로 남은 정죄는 없다. 기뻐하라!

감사의 말

여느 때와 마찬가지로 도서출판 바이킹의 편집자 브라이언 타트에게 감사를 전한다. 처제 테리의 장례식에서 내가 죽음에 대한 짤막한 묵상을 전했는데, 그 설교를 브라이언이 듣고 우리에게 이 내용을 책으로 펴내되 단권이 아니라 세 권의 소책자로 엮어 태어남과 결혼과 죽음을 다루자고 제안했다. 지난여름 폴리 비치에서 이 시리즈의 집필을 가능하게해 준 사우스캐롤라이나에 사는 많은 친구들에게도 감사를 전한다.

끝으로 아내 캐시에게 참 고맙다. 처제의 장례식에서 전한 설교가 이렇게 책으로 탈바꿈한 것은 아내가 끝없이 교정하는 수고를 해 준 덕분이다. 공저자라 해도 과언이 아닌 아내에게 깊은 고마움을 표한다.

주

──────── 캐시 켈러 서문

1. 새뮤얼 존슨(Samuel Johnson)이 한 유명한 말이다. 다음 책에 실려
   있다. James Boswell, *The Life of Samuel Johnson, LLD* (New York:
   Penguin Classics, 2008), 231.

──────── 1

1. William Shakespeare, *Hamlet*, 4.3.30-31. "왕의 살을 파먹은 구
   더기를 누군가 낚시용 미끼로 쓸 수도 있다." 윌리엄 셰익스피어,
   《햄릿》.

2. Ernest Becker, *The Denial of Death* (New York: The Free Press, 1973),
   26. 어니스트 베커, 《죽음의 부정》(한빛비즈 역간).

3. Annie Dillard, *The Living: A Novel* (New York: HarperCollins, 1992),
   141.

4. Howard P. Chudacoff, *Children at Play: An American History* (New York: New York University Press, 2007), 22.

5. Atul Gawande, *Being Mortal: Medicine and What Matters in the End* (New York: Metropolitan Books, 2014). 아툴 가완디, 《어떻게 죽을 것인가》(부키 역간).

6. Geoffrey Gorer, "The Pornography of Death," 2003. 다음 웹사이트에서 이 글을 볼 수 있다. www.romolocapuano.com/wp-content/uploads/2013/08/Gorer.pdf.

7. 다음 기사를 참조하라. David Bosworth, "The New Immortalists," *Hedgehog Review* 17, no. 2 (2015년 여름호).

8. Richard A. Shweder, Nancy C. Much, Manamohan Mahapatra, & Lawrence Park, "The 'Big Three' of Morality (Autonomy, Community, Divinity) and the 'Big Three' Explanations of Suffering," 출전: Richard A. Shweder, *Why Do Men Barbecue? Recipes for Cultural Psychology* (Cambridge, MA: Harvard University Press, 2003), 74. 이 주제에 관해 더 자세히 알고 싶다면 다음 책을 참조하라. Timothy Keller, *Walking with God through Pain and Suffering* (New York: Penguin/Riverhead, 2013), "고통을 바라보는 문화의 시선들," 13-34. 팀 켈러, 《팀 켈러, 고통에 답하다》(두란노 역간).

9. Shweder, *Why Do Men Barbecue? Recipes for Cultural Psychology*, 125.

10. Mark Ashton, *On My Way to Heaven: Facing Death with Christ* (Chorley, UK: 10Publishing, 2010), 7-8.

11. Becker, *The Denial of Death*, xvii. 어니스트 베커, 《죽음의 부정》(한빛비즈 역간).

12. Becker, *The Denial of Death*, xvii. 어니스트 베커, 《죽음의 부정》(한빛비즈 역간).

13. Albert Camus, *The Myth of Sisyphus and Other Essays* (New York: Alfred A. Knopf, 1955). 알베르 까뮈, 《시시포스 신화》(연암서가 역간).

14. Becker, *The Denial of Death*, 26-27. 어니스트 베커, 《죽음의 부정》(한빛비즈 역간).

15. 다음 두 자료를 참조하라. Julian Barnes, *Nothing to Be Frightened Of* (London: Jonathan Cape, 2008). 줄리언 반스, 《웃으면서 죽음을 이야기하는 방법》(다산책방 역간). Jessica E. Brown, "We Fear Death, but What If Dying Isn't as Bad as We Think?," *The Guardian*, 2017년 7월 25일.

16. Luc Ferry, *A Brief History of Thought: A Philosophical Guide to Living* (New York: Harper, 2010), 4.

17. Dylan Thomas, *In Country Sleep, and Other Poems* (London: Dent, 1952). 다음 웹사이트에서 이 시를 볼 수 있다. www.poets.org/poetsorg/poem/do-not-go-gentle-good-night.

18. 다음 기사에 인용된 말이다. Wilfred M. McClay, "The Strange Persistence of Guilt," *Hedgehog Review* 19, no. 1 (2017년 봄호).

19. McClay, "The Strange Persistence of Guilt."

20. McClay, "The Strange Persistence of Guilt."

21. Andrew Delbanco, *The Death of Satan: How Americans Have Lost the Sense of Evil* (New York: Farrar, Straus and Giroux, 1995), 3, 9.

22. David Brooks, "The Cruelty of Call-Out Culture," *New York Times*, 2019년 1월 14일.

23. McClay, "The Strange Persistence of Guilt."

24. T. S. Eliot, *The Complete Plays of T. S. Eliot* (New York: Harcourt, Brace, and World, Inc., 1935), "Murder in the Cathedral," 43.

25. *Hamlet*, 3. 1. 87-88, 91. 윌리엄 셰익스피어, 《햄릿》.

26. 1970년에 애디슨 리치(Addison Leitch) 박사가 버크넬대학교에서 한 무리의 대학생들에게 했던 이야기로, 나도 그 자리에 있었다.

27. William L. Lane, *Hebrew 1-8*, Word Biblical Commentary 제47권 (Dallas, TX: Word Books, 1991), 55-58. 윌리엄 L. 레인, 《히브리서 1-8(상): WBC 성경주석 47》(솔로몬 역간).

28. C. S. 루이스의 《영광의 무게》(홍성사 역간)에 나오는 말로 다음

웹사이트에서 볼 수 있다. www.newcityindy.org/wp-content/
uploads/2012/06/Lewis-Weight-of-Glory.pdf.

29. Margaret N. Barnhouse, *That Man Barnhouse* (Carol Stream, IL: Tyndale House, 1983), 186.

_____ 2

1. 어떤 성경 주석이든 참조하라. 한 가지 예로 다음 책이 있다. George R. Beasley-Murray, *John*, Word Biblical Commentary, 제36권 (Plano, TX: Thomas Nelson, 1999), 194. 비슬리 머리, 《요한복음: WBC 성경주석 36》(솔로몬 역간).

2. Homer, *The Iliad*, 24.549-551. 호머, 《일리아스》. 다음 책에 인용되어 있다. N. T. Wright, *The Resurrection of the Son of God* (Minneapolis, MN: Fortress Press, 2003), 2. 톰 라이트, 《하나님의 아들의 부활》(CH북스 역간).

3. Peter Kreeft, *Love Is Stronger Than Death* (San Francisco: Ignatius Press, 1979), 2-3.

4. Jonathan Edwards, *The Works of Jonathan Edwards*, "Sermon Fifteen: Heaven Is a World of Love," WJE Online, Jonathan Edwards Center, Yale University, edwards.yale.edu/arch ive?path=aHR0cDovL2Vkd2FyZHMueWFsZS5lZHU vY2dpLWJpbi9uZXdwaGlsby9nZXRvYmplY3QucGw/ Yy43OjQ6MTUud2plbw==.

5. William Cowper, "Sometimes a Light Surprises," 찬송가, 1779.

6. C. S. 루이스의 《영광의 무게》(홍성사 역간)에 나오는 말로 다음 웹사이트에서 볼 수 있다. www.newcityindy.org/wp-content/ uploads/2012/06/Lewis-Weight-of-Glory.pdf.

7. John Flavel, *The Works of John Flavel*, 제3권, *Pneumatologia: A*

Treatise of the Soul of Man (Edinburgh: Banner of Truth Trust, 1968),
121. 일부 표현은 현대어로 다듬었다.

8. 다음 책에 인용된 말이다. F. F. Bruce, *1 and 2 Thessalonians*,
Word Biblical Commentary, 제45권 (Plano, TX: Thomas Nelson,
1982), 96. F. F. 브루스, 《데살로니가전후서: WBC 성경주석 45》
(솔로몬 역간).

9. 예컨대 다음 책을 참조하라. N. T. Wright, *Resurrection of the
Son of God*, 32-206. 톰 라이트, 《하나님의 아들의 부활》(CH북스
역간).

10. C. S. Lewis, *Mere Christianity* (New York: Macmillan, 1960), 174-
175. C. S. 루이스, 《순전한 기독교》(홍성사 역간).

_____ 하나님의 약속을 붙들다 1

1. John Rippon, "How Firm a Foundation," 찬송가, 1787.

_____ 하나님의 약속을 붙들다 2

1. C. S. Lewis, *A Grief Observed* (New York: HarperOne, 2001), 63, 76.
C. S. 루이스, 《헤아려 본 슬픔》(홍성사 역간).

2. Matthew Bridges & Godfrey Thring, "Crown Him with Many
Crowns," 찬송가, 1851. 새찬송가 25장 〈면류관 벗어서〉.

3. Derek Kidner, *Psalms 1-72: An Introduction and Commentary*
(Leicester, UK: Inter-Varsity Press, 1973), 157.

추천 도서

- Joseph Bayly, *The View from a Hearse* (Elgin, IL.: David C. Cook, 1969).

- Elisabeth Elliot, *Facing the Death of Someone You Love* (Westchester, IL.: Good News Publishers, 1982).

- Timothy Keller, *Walking with God Through Pain and Suffering* (New York: Penguin/Riverhead, 2013). 팀 켈러, 《팀 켈러, 고통에 답하다》(두란노 역간).

- Timothy Keller. *Making Sense of God: Finding God in the Modern World* (New York: Penguin, 2016). 팀 켈러, 《팀 켈러의 답이 되는 기독교》(두란노 역간).